ÉLOGE DE LA TRANSMISSION

DES MÊMES AUTEURS

DE GEORGE STEINER

Dans la même collection :
Extraterritorialité, Essais sur la littérature et la révolution du langage, 2003.
De la Bible à Kafka, 2003.

Chez d'autres éditeurs :
Maîtres et Disciples, Gallimard, 2006.
Le Silence des livres, Arléa, 2006.
Les Logocrates, L'Herne 2003, Éditions 10-18, 2006.
Une certaine idée de l'Europe, Actes Sud, 2005.
Dix Raisons (possibles) à la tristesse de pensée, Albin Michel, 2005.
Tolstoï ou Dostoïevski, Éditions 10-18, 2004.
Nostalgie de l'absolu, Éditions 10-18, 2003.
Passions impunies, Gallimard, 2001.
Grammaires de la création, Gallimard, 2001.
Préface de la Bible hébraïque, Albin Michel, 2001.
Errata : récit d'une pensée, Gallimard, 2000.
Barbarie de l'ignorance, Juste l'ombre d'un certain ennui, en collaboration avec Antoine Spire, Édition le Bord de l'eau, 1998.
Ce qui me hante, en collaboration avec Antoine Spire, Édition le Bord de l'eau, 1999.
Réelles présences, Les arts du sens, Gallimard, 1994.
Épreuves, Gallimard, 1993.
La Mort de la tragédie, Gallimard, 1993.
Anno Domini, Gallimard, 1992.
Les Antigones, Gallimard, 1992.
Après Babel, Une poétique du dire et de la traduction, Albin Michel, 1991.
Le Sens du sens, Présences réelles, Vrin, 1988.
Martin Heidegger, Flammarion, 1987.
Dans le château de Barbe-Bleue, Notes pour une redéfinition de la culture, Gallimard, 1986.

DE CÉCILE LADJALI

Chez d'autres éditeurs :
Louis et la jeune fille, Actes Sud, 2006.
La Chapelle Ajax, Actes Sud, 2005.
Les Souffleurs, Actes Sud, 2004.
Autour de Murmures, Une expérience d'écriture poétique sur le thème des mythes de la chute en seconde, Édition CRDP de Picardie, 2002.

GEORGE STEINER

CÉCILE LADJALI

ÉLOGE DE LA TRANSMISSION

Le maître et l'élève

HACHETTE
Littératures

Collection fondée par Georges Liébert
et dirigée par Joël Roman

Note de l'éditeur

Nos remerciements vont tout spécialement à Nicolas Demorand, producteur et animateur de l'émission « Cas d'école », qui nous a, avec beaucoup d'amabilité, permis de profiter de nombre de ses interventions au moment de la rédaction de ce livre ; ils s'adressent aussi à Éric Naulleau, de l'Esprit des Péninsules, qui a autorisé Cécile Ladjali à reprendre la préface qu'elle avait demandée à George Steiner pour le recueil de textes de ses élèves.

ISBN : 978-2-0127-9252-4

Préface

Dans le profond tout est loi[1]

« L'allégresse est savoir[2]. » La formule est de Rilke et elle appelle le souvenir des joyeuses syllabes prononcées par mes lycéens quand ils ont reçu la préface de George Steiner destinée à accompagner leur recueil de poèmes, *Murmures*[3]. Ils venaient d'achever la rédaction de soixante sonnets traitant du mythe de la chute. Les images infernales enflammaient les pages : l'on reconnaissait la silhouette pâle de Perséphone, l'eau verte du

1. Rilke, *Lettres à un jeune poète.*
2. Rilke, *Les Sonnets à Orphée*, VIII, traduit de l'allemand par Jean-Pierre Lefebvre et Maurice Regnaut, Paris, Gallimard, coll. « Poésie », 1994, p. 147.
3. *Murmures*, préface de George Steiner, Paris, L'Esprit des Péninsules, 2000.

Styx, un cheveu blanc des Danaïdes, ou encore les chaudières violettes du christianisme.

Délaissant les mythologies et les cercles de *La Divine Comédie*, les plus doués ont été capables de dévider la métaphore jusqu'à l'époque moderne pour convoquer l'enfer concentrationnaire. La gravité du propos ne les a pas effrayés et ils s'en sont montrés dignes au point que l'auteur d'*Après Babel* s'est joint à eux pour les rencontrer dans l'écriture et construire l'espoir.

L'expérience était pourtant singulière : un grand professeur, membre fondateur du Churchill College à Cambridge, occupant après Eliot la chaire de poétique à Harvard, et animant un séminaire de littérature comparée à l'université de Genève, avait peu de chance de se lier à des élèves de Seine-Saint-Denis. Or si ces derniers ont découvert l'allégresse que pouvait procurer le savoir, George Steiner a très certainement connu celle qui consistait à l'offrir.

Steiner et moi avons relaté l'histoire de cet échange sur France Culture où Nicolas Demorand et Laure Adler nous ont réservé un accueil radieux. Je les remercie de tout cœur. Ainsi, deux ans après leur enregistrement, paraissent ces entretiens. À une heure où, en France, la question de l'école est plus que jamais d'actualité, l'intelligence et la joie qui émaillent les propos de George Steiner évoquant les enfants, invitent au silence. Silence de la réflexion et du respect qu'impose le bon sens.

On ne demandera à ce petit livre que le miracle des bonnes questions posées plutôt que l'arrogance des réponses que l'on croit posséder ; l'honnêteté de cœur du maître conviant son élève à le suivre ; une promenade au sein de la grande récréation philologique que doit être toute salle de cours.

Aux bouquets de mots et d'intentions fastueuses que George Steiner a offerts à mes lycéens, j'ajoute ce rameau double, gorgé des sèves de la gratitude. Puissent ces entretiens enchanter le lecteur et lui donner envie de venir s'asseoir parmi nous ! À l'un des pupitres est déjà installée Hélène Monsacré dont la clairvoyance a permis leur publication. Qu'elle soit chaleureusement remerciée, au même titre que mon brillant complice, Pierre-Emmanuel Dauzat.

La gare de Drancy dans la pluie de novembre est sinistre. Elle devait l'être plus encore, il y a soixante ans, sous l'indécence du soleil. Quand les sanglots des enfants se brisèrent le long des rames des convois.

On entend toujours les petites voix, au moment où l'on pose le pied sur le quai, là, précisément où la terre s'ouvre encore, trempée par des nuages gros de tristesses. À quelques pas de la gare, il y a mon lycée. Le nom d'un peintre : Eugène-Delacroix, le père des *Femmes d'Alger* dans les cheveux desquelles Baudelaire avait respiré quelque « parfum de mauvais lieux ». L'Orient était alors une invite complaisante à séjourner dans les « Limbes de la tristesse ». Bientôt il sera question d'un cours sur Baudelaire. La poésie du Levant sera loin de la conscience des élèves. L'horreur aussi. Ils fréquentent un curieux Purgatoire ; ils errent entre l'inconscience du Mal et celle de la Beauté. Trop peu savaient pour Drancy. Très peu devinent pour Baudelaire.

Je relisais à cette époque l'essai de George Steiner, *Dans le Château de Barbe-Bleue*, texte dérangeant, mettant à jour le paradoxe inadmissible de la culture et de la barbarie. La nécessité de revenir à ces lignes s'était imposée de façon presque douloureuse. J'étais perdue ; écartelée entre l'impératif de me confronter dans la classe au sordide de l'Histoire, afin que notre scolarité ne soit pas de « l'amnésie planifiée[4] », et le désir

4. *Infra*, p. 61.

cuisant de les emmener ailleurs. Ce mélange de mauvaise conscience et d'entêtement s'est doublé d'une certitude : je savais que je rencontrerais l'auteur du livre que je tenais entre les mains. Je le savais parce qu'il avait écrit :

> La sauvagerie adopta – sous des formes parodiques et dégradées, c'est entendu – certaines des conventions, tournures de langage et valeurs superficielles de la haute culture. Et, nous l'avons vu, dans bien des cas, la contamination fut réciproque. Minés par l'ennui[5] et l'esthétique de la violence, une partie importante de l'intelligentsia européenne et nombre d'institutions de culture, telles que les Lettres, les arts, l'université, firent à l'inhumain un accueil non dépourvu de chaleur. Rien, dans le monde tout proche de Dachau, ne venait troubler la saison de musique de chambre de Beethoven dont s'enorgueillissait Munich. Les toiles ne tombaient pas des murs quand les

5. En français dans le texte. Steiner a rappelé plus haut les mots de Théophile Gautier : « Plutôt la barbarie que l'ennui. » Nous revenons sur les relations entre l'esthétique fin de siècle et la barbarie plus bas.

bourreaux parcouraient respectueusement les galeries, catalogues en main[6].

Ces syllabes s'étaient enfoncées dans mon cœur comme des échardes, il devait les en ôter. En effet, c'était toute l'intention du cours destiné à transmettre ces mêmes valeurs humanistes, qui vacillaient après la lecture de cette page. J'assume tant bien que mal une tentation très insidieuse qui consiste à opposer la poésie au malaise. J'ai donc envoyé les sonnets des élèves à George Steiner, chez lui à Cambridge, pour qu'il sache dans quel contexte historique et suburbain le poème pouvait éclore. Trois jours après l'envoi, j'ai reçu une réponse. Une lettre tapuscrite, comme toutes celles qui suivront, avec, dans les marges, la date étoilée du 24 décembre :

le 24 décembre 1998, Cambridge

Je suis profondément ému par votre lettre et les écrits de vos élèves. Ce n'est pas dans l'université que se mènent les luttes décisives contre

6. George STEINER, *Dans le château de Barbe-Bleue. Notes pour une redéfinition de la culture* (1971), traduit de l'anglais par Lucienne Lotringer, Paris, Gallimard, coll. « Folio essais », 1991, p. 76.

la barbarie et le vide. C'est au niveau du secondaire et dans les quartiers urbains comme celui de la Seine-Saint-Denis.

Le courage, l'humanité de cœur et d'esprit qu'exprime votre lettre me fait profondément envieux de vos élèves. Le verbe au futur leur est ouvert par vous – et cela à l'ombre atroce du nom de Drancy.

Résonne dans cette lettre la fulgurante formule de René Char : « L'aigle est au futur[7]. » La grammaire est magicienne pour George Steiner, puisqu'elle nous transporte hors du monde au gré d'un *si* radieux et de l'insolence d'un subjonctif. Les ondes enchanteresses des modes contrefactuels innervent la langue et sont la promesse des gageures les plus folles : oublier le monde et le gris. « Rêver est une forme de futurité[8]. » Grammaire et poésie, poésie de la grammaire, pour parler comme Jakobson, le discours maîtrisé est susceptible de « nier l'univers tel que nous choisissions de le percevoir[9] ».

---

7. René CHAR, *La Bibliothèque est en feu*, in *Œuvres complètes*, Paris, Gallimard, « Bibliothèque de la Pléiade », 1995, pp. 377-378.

8. *Infra*, p. 134.

9. Georges STEINER, *Réelles présences*, traduit de l'anglais par M. R. de Pauw, Paris, Gallimard, coll. « Folios essais », 1991,

Steiner philologue a tendu aux enfants une baguette de coudrier. La source était profonde et l'eau bue était celle de l'espoir, celle qui enivre plus encore que le vin.

Sous la tutelle d'un tel lecteur, mes élèves ont eu confiance en leur propre langage, et sans doute pour la première fois. Les mots les avaient jusqu'alors humiliés. Le livre leur faisait peur jusqu'à ce qu'ils en écrivent un et cèdent à ses sortilèges. Les deux sonnets composés, dont un à l'envers, étaient une gracieuse grimace faite au chaos de leur scolarité. La poésie autorisait la faute (paradoxe), la redite (anaphore), les lourdeurs dans la syntaxe (anacoluthe). Je leur avais demandé de travailler sur le mythe de la chute et ils découvraient quelque splendeur dans la descente et l'échec.

Ce premier échange garde pour moi la valeur d'un talisman – doux tintamarre d'une rencontre de mots qui me somment de continuer à chaque rendez-vous avec la classe.

J'ose espérer que le livre écrit restera pour les lycéens bien plus que le simple souvenir d'une année passée à préparer le baccalauréat et qu'il les accompagnera dans leur vie d'adulte.

Les élèves se sont pris au jeu de l'écriture. Ils pensaient qu'écrire de la poésie était chose facile. Le premier jet était d'une platitude absolue. Il a fallu réécrire plusieurs fois les sonnets. L'écriture obéissait à une mécanique intransigeante. Chaque image que l'on espérait inédite, chaque bonheur d'expression, correspondait au souvenir de nombreuses lectures. On ne peut pas écrire si l'on n'a pas beaucoup lu. J'arrivais en cours avec des valises de livres. J'ai dressé une liste des ouvrages qui ne m'ont jamais été restitués. Je les attends encore. Sans doute se situe-t-il dans ce rapt une petite performance pédagogique.

L'hiver a passé avec ses drames latents. Nous nous sommes rencontrés au printemps. Nous avions rendez-vous au théâtre de l'Odéon le 6 juin 1999, dans le cadre d'un colloque sur la crise de la scolarité auquel Steiner participait. La mort imminente d'une mère et la joie de le rencontrer faisaient de moi une sourde et une aveugle. Une drôle de douleur. Les souvenirs qu'il me reste du débat sont minces. Étaient invités des intellectuels parisiens, historiens et philosophes. Il y avait aussi un acteur célèbre qui éructait du Céline en faisant de grands gestes. Steiner était maussade : « Je suis si triste », est le premier mot qu'il m'ait adressé. La conférence, en effet, avait été décevante. À la fin du débat, je suis montée sur la scène de l'Odéon pour jouer mon rôle. Le deuxième mot de Steiner fut: «Que puis-je faire pour vous?» Aussi avons-nous quitté la scène pour rencontrer la réalité et ce qui allait la dépasser: «l'amitié fantastique[10]». Nous sommes allés dans un café, espérant puiser du réconfort au fond des verres. Steiner a rapidement recouvré le sourire, car de très jeunes étudiants l'avaient reconnu et un petit cénacle pouvait s'improviser en plein ciel de juin, loin des théâtres, à la table du maître.

L'évidence du deuil s'est imposée à moi quelques jours après cette première rencontre. J'ai écrit à mon «maître» d'Angleterre, revenant amèrement sur l'argument qu'il avait brandi face aux mandarins de l'Odéon: «Nous parlons de l'avenir et de l'Europe, et il n'y a pas un scientifique à cette table!» Pourtant, on meurt encore à l'hôpital et la science trébuche. Je le savais plus que jamais. Steiner me répondra que les scientifiques n'ont peut-être pas encore trouvé mais qu'ils «cherchent», quand d'autres se repaissent et s'immobilisent dans l'arrogance d'un «parisianisme écœurant[11]».

---

10. René CHAR, *Feuillets d'Hypnos*, 142, *Fureur et mystère*, Paris, Gallimard, coll. «Poésie», 2000 (1943), p. 119.

11. Lettre du 7 juillet 1999.

Tremble aux feuilles qui brillent blanches
dans les ténèbres.
Ma mère jamais n'eut les cheveux blancs[12].

Vers qui scellèrent notre première connivence autour de la tristesse.

Notre deuxième grande rencontre fut celle de ces entretiens, placés sous la tutelle de Nicolas Demorand dans le cadre de son émission «Cas d'école» sur France Culture. J'attendais Gare du Nord, vêtue en rouge et noir. Steiner paraît coiffé de son habituel béret noir dans des brumes cinématographiques, anachronique sur ce quai, une valise à la main. Il ironise sur l'accueil grotesquement stendhalien que je lui réserve. Pendant deux jours les taxis filent : de la gare au Quartier latin, de la place Maubert à la Maison de la Radio, et des quartiers chics aux environs de Cité. Le voyage, en dépit de la fatigue et de la surcharge de travail qu'il occasionne, est effectué pour rendre hommage au

12. *Espenbaum, dein Laub blickt weiss ins Dunkel./Meiner Mutter Haar ward nimmer weiss.* Paul CELAN, «Le Sable des urnes» (1948), *Pavot et mémoire*, traduit de l'allemand par Valérie Briet, Paris, Christian Bourgois, 1997, p. 30.

travail des élèves. Je ne connais aucun intellectuel en France dont j'ai sollicité la bienveillance, qui ait été capable d'un tel don. « Ce n'est pas à l'université que se mènent les luttes décisives contre la barbarie et le vide…[13] » Cette phrase de Steiner, qui trouve sa place dans la première lettre qu'il m'adressa, me comble de joie et m'accable de tristesse.

Après la lecture de *Réelles présences*, véritable machine de guerre contre la critique et les mandarins de l'université, mes années de thèse furent un pensum. Quand la démarche adoptée est exclusivement critique, comment surmonter ce type d'assertions : « le tact critique […] ne peut pas être enseigné », « l'art est la meilleure lecture de l'art »[14] ? En Sorbonne, je n'ai que trop rarement rencontré un souffle, un esprit, en somme un maître, alors que je n'attendais que cela. Lorsqu'il a été question de parler avec l'un de ces maîtres de l'expérience joyeuse vécue par mes lycéens, on m'a répondu que le temps manquait et que la Sorbonne ne se souciait pas de pédagogie. Pourtant, il me semble que les auteurs se passent très bien des chercheurs

13. *Supra*, pp. 10-11.
14. George Steiner, *Réelles présences*, *op. cit.*, pp. 59, 37.

et que la seule légitimité de toutes nos péroraisons reste nos étudiants. Le problème ne vient pas que de la rue, mais de ce type de condescendance scandaleuse rencontrée au plus haut niveau.

Alors merci, George Steiner, d'avoir construit avec nous « une école où l'enfant aura le droit de commettre cette grande erreur qu'est l'espoir[15] », d'avoir toujours répondu aux dizaines de lettres que je vous ai envoyées, d'avoir eu le temps de traverser la manche pour mes lycéens, de leur avoir écrit une préface et d'être encore là, aujourd'hui, quatre années après votre préambule à *Murmures*.

La chance des lycéens fut aussi celle de rencontrer leur éditeur, Éric Naulleau, qui a su mesurer l'importance symbolique d'une telle gageure au-delà des risques qu'il prenait. La préface de *Murmures* enchante et scelle le miracle autour de quelques volontés passionnées, sensibles aux incantations de l'enfance :

> Une nuit trop brève pour accomplir un acte de pensée qui allait transformer l'histoire des mathématiques et de la philosophie des mathématiques. Et toujours, dans la marge, ce cri

15. *Infra*, p. 135.

haletant : « Il ne me reste pas assez de temps. » Puis, au premier matin, cette mort absurde, cette agonie d'un jeune homme de vingt et un ans abattu dans un traquenard policier. D'où un lycée Évariste-Galois, et ses élèves s'approchant de l'âge de celui dont leur école célèbre le souvenir.

Les hautes mathématiques sont l'autre musique de la pensée. Platon et Leibniz connaissaient les liens secrets qui rattachent la poésie et les mathématiques au grand matin du symbole, d'une pensée qui crée. Et il est dans l'histoire des mathématiques comme dans celle de la poésie des précocités lumineuses, des profondeurs comme inconscientes dont n'est privilégiée que la jeunesse. Ressemblances qui hantent, entre les brouillons de Galois et ceux de Keats, lui aussi au seuil d'une mort dont le gaspillage reste béant.

Déjà s'annoncent, précisément comme un « murmure » prémonitoire, les motifs, les circonstances d'âme, si j'ose dire, de cet éblouissant projet. Une classe dans un lycée Galois ; l'ivresse des grands textes (plus vertigineuse encore que celle des grandes profondeurs) : une descente aux enfers, dont la jeunesse soupçonne à peine la grisaille routinière ; puis l'élan vers la lumière. Ceci dans le sillon de guides éminents, auxquels ce recueil est un fervent hommage (toute lecture sérieuse étant elle aussi un remerciement). Que de rencontres le long du chemin !

Dante en premier est présence tutélaire à travers les aventures, les rendez-vous de l'esprit, dont témoignent nos jeunes. Dante au sujet duquel l'on jase tant et que l'on lit si peu. Il est parfaitement juste que ce soit le volet liminaire de *La Divine Comédie* qui inspire la classe. La psychologie polyphone, les modulations proustiennes sur temps et mémoire qui agencent *Le Purgatoire* sont une découverte que nos poètes-lecteurs ont encore à faire. Le Virgile, *duce*, guide aimant du Pèlerin chez Dante, est l'objet de l'altière méditation de Hermann Broch. Son roman-épopée interroge – là de même il y a affleurement à la damnation – le paradoxe cruel suivant lequel l'art, la poésie, même aux sommets de l'invention humaine, n'empêchent pas la barbarie, l'inhumain de nos conflits, la colère idéologique. Et pire encore : une *Énéide* masque, inévitablement, le despotisme, l'esclavage, les écarts sociaux de l'empire dont Virgile est l'orgueil et l'ornement. Présence de Blake, virtuose des ambiguïtés qui président aux noces du Ciel et de l'Enfer. Passe à maintes reprises l'ombre inquiète de Baudelaire, expert en châtiments et haut maître du sonnet. Ils ont rencontré Balzac, ces « alpinistes » de Noisy-le-Grand, et Valéry. Mais aussi celui qui est peut-être le poète des poètes du siècle de minuit que fut le vingtième : Paul Celan.

À combien de lycéens ce messager du *Logos*, ce « témoin pour les témoins » du désastre européen est-il connu ? Mais combien est justice sa discrète intervention dans ce cantique à trente voix. Car c'est dans l'œuvre de Celan, dans la fatalité de son destin, que la littérature va à l'essentiel, à la fragile éventualité du poème quand le langage est devenu glapissement, slogan de la barbarie, aspirine de la consommation publicitaire. Et il est plus qu'émouvant de noter que les participants aux *Murmures* forment un éventail ethnique somptueux ! Que de peuples, que de langues maternelles, que de legs spirituels radicalement divers, dans ce palmarès. C'est nous faire savoir que l'exil, l'immigration, la condition du marginalisé, la perte de la langue maternelle sont devenus la norme sur une planète en tourmente. Au tout premier plan, ce fut la condition de Celan (comme celle de Dante). Dans une perspective plus large, cette marginalisation, cette mise « hors-la-loi » aide à définir le rôle de la poésie, soit sous tous les régimes totalitaires, soit – cela pourrait être plus grave – sous l'emprise des valeurs matérielles, du technocratique, qui caractérisent l'arrogante vulgarité du marché libre. Celan fut toujours du côté des sans-abris. J'ose croire que nos « murmurants » en savent quelque chose.

Ce livre de « très riches heures » a son foyer, son axe et sa logique d'être. Avoir rencontré Cécile Ladjali, c'est avoir subi comme un choc de lumière. Chez cette jeune femme, tout est à la fois pudeur et ouverture, intériorité et éclat. Toutes proportions gardées, il est chez Cécile des surgissements et des replis, des candeurs et des retenues qui évoquent certains mouvements dans *La Jeune Parque*. Et quelle enseignante doit-elle être, sachant que toute pédagogie valable est un exercice de l'esprit, une discipline du cœur quand esprit et cœur sont dans un état de vulnérabilité extrême. Quelle est cette vulnérabilité ? Ouverture à l'espoir – maladie organique du professeur –, mais aussi à la déception, voire à l'amertume devant l'élève indifférent, devant une société qui ne permettra pas le libre déploiement de ses potentialités. Combien s'avère enchevêtrée, hasardeuse, la relation du maître à l'élève, cette érotique de la pensée et du transfert. J'aime à me faire une image des classes de madame Ladjali, de cette voix remarquablement enchanteresse lisant les poètes qu'elle fréquente. Et lisant les versions successives des réponses fournies par la classe. Quelle chance ont-ils eu ces lycéens en écoute, mais quelle récompense aussi pour leur initiatrice au transcendant.

Il serait oiseux de tenter un choix parmi ces textes, de leur donner des notes ou mentions officieuses. « L'Hadès sur terre pour ces âmes sans confesse » ; « Et demandant au Très-Haut d'être moins déchus » (ce « moins » évoquant l'islam) ; « Je ne puis céder à un fantôme de flammes » ; « Décomposer en fractals / je ne pourrai revenir... » ; « Créateur de l'art lyrique et du cher courroux » ; « Bouent dans la rivière boueuse du hasard »... Autant de frappes admirablement lucides et qui auraient enchanté Malherbe (ce Malherbe si puissamment mis en lumière par Ponge).

> Puisse ce petit livre trouver écho et apporter renouveau. En être le dédicataire m'en est un honneur et un plaisir profonds. Et combien immérités ! Mais n'est-ce pas la générosité de tout poème ? Qui mérite le miracle[16] ?

Au cours de la rédaction du recueil, Steiner nous a accompagnés au gré de ses missives. Pour les élèves, l'auteur était enfin un être de chair, une personne vivante dont la voix était audible et les gestes presque visibles. Ils l'ont rencontré à travers son œuvre que je leur présentais au fil des cours : une page d'*Errata* pour apprendre à lire, un chapitre de *Passions impunies* pour apprendre à écouter, un passage de *Dans le Château de Barbe-bleue* pour apprendre à avoir peur. Steiner a écrit aux petits lecteurs après avoir deviné quelque éclat de son œuvre dans le livre que la classe lui dédiait :

> Le 13 mars 2000, Cambridge
>
> C'est évidemment éblouissant. Et d'une humanité qui rend très difficile, voire prétentieuse toute réponse *critique*. Il y a dans ces

16. Préface de *Murmures*, *op. cit.*

textes des *percées* lumineuses presque déconcertantes par leurs perceptions en profondeur, par leur maîtrise de la langue : « le mutisme de la délivrance » ; « d'être moins déchu » ; le jeu intralinguistique que mène Damien ; « Fourbe est ta mission » ; « regards vampires ». Et combien d'autres.

Ton enseignement doit friser la magie blanche ! Et dépasse manifestement celui des prétendus *maîtres* en hauts lieux. C'est dire le poids de cette collection que de se poser la question : y aura-t-il parmi ces jeunes l'un ou l'une qui se libèrera du rayonnement de ta présence, Cécile, et du fil conducteur de ces grands textes ? Afin de trouver une voix personnelle, une source de vision impérative qui ne soit littéraire. Quel hommage à toi si cela venait à se produire même dans *un* cas. Comme nous l'enseigne Char : « N'est pas minuit qui veut. »

Le jour de l'entretien radiophonique, la joie de Steiner à pouvoir nous aider, mes élèves et moi, était palpable. Je regardais les chiffres rouges de la pendule électronique. Il fallait tenir deux heures sans faiblir. La discussion à bâton rompu occupa tout ce temps. Plus les minutes passaient plus l'émotion grandissait, tant il était manifeste que Steiner offrait pour l'occasion une prestation d'une intelligence et d'une luminosité rares. Quand j'entends aujourd'hui les meilleures volontés s'enliser dans le débat sur l'école, je repense aux mots de cette journée de juin où l'essentiel avait été dit : *passion, courtoisie, honnêteté, travail.*

Une petite philosophie de la transmission s'est ébauchée lors de notre échange, et ce, à un moment où l'esprit chagrin gagne trop souvent la partie en France. Notre propension aux divisions et querelles a pris ces dernières années le visage de l'anxiété face à ce qui pourrait changer en bien. Dans le monde de l'éducation, de l'économie politique, de la vie intellectuelle, tout se passe comme si les contempteurs, les prédicateurs du chaos, avaient plus de facilité à se faire écouter que ceux qui tentent de mener des expériences nouvelles et par là même de faire changer les choses.

Faire en sorte que nos élèves aient accès à la haute culture – celle qui nous a été transmise – participe de cette petite révolution passionnée que nombre de mes collègues mènent au quotidien. Mais la cause ne rallie pas forcément à elle toutes les opinions. Après la représentation de

Tohu-bohu[17], le ton est monté avec mes amis normaliens qui me parlèrent de « classes sociales », « dominantes », « laborieuses » ou « dangereuses », voire de « violence symbolique » faite aux élèves. Pour cette poignée de privilégiés, *Murmures* était une bizarrerie culturelle et politique, qui cachait un instrument de répression larvée, destiné à inculquer aux lycéens défavorisés des éléments d'appréciation esthétique *petit-bourgeois*. On m'a demandé pourquoi je ne sollicitais pas la culture des élèves. Cette fameuse *culture banlieue*. Or quand j'interroge un lycéen à ce sujet, je rencontre le vide. L'idée saugrenue de cette contre-culture a germé dans l'esprit d'anciens très bons élèves, désireux de s'encanailler, auxquels il faudrait répondre que Flaubert ou Rimbaud auraient sans doute trouvé cocasse qu'on les traitât de *bourgeois*.

Et quand bien même la culture que nous proposons à nos classes serait-elle *bourgeoise*, nombre de collègues estiment qu'elle est la plus digne des

---

17. Mes lycéens ont écrit après *Murmures* une pièce de théâtre : *Tohu-Bohu, tragédie pragoise en deux tableaux*, préface de Daniel Mesguich, Paris, L'Esprit des Péninsules, 2001 ; création de William Mesguich à l'Espace Rachi, Paris, janvier-février 2004.

enfants. On n'est conscient de ce que l'on est que lorsqu'on est confronté à l'altérité. Le professeur doit dépayser son élève, le conduire là où il ne serait jamais allé sans lui et lui offrir un peu de son âme, peut-être parce que toute formation est une déformation.

Il faudrait se laisser aller de façon éhontée à un éloge de la difficulté. Car à considérer ce qui se corrige rapidement et les erreurs qui demeurent, on constate que l'élève est moins gêné par la profondeur poétique d'un texte que par son socle formel. En outre, il reste étonnant que les carences rencontrées dans l'expression n'empêchent pas l'émergence du langage figuré dans les productions. D'aucuns diront qu'il y a quelque danger à solliciter la métaphore quand l'esprit n'est pas soutenu par le filet de la langue. Mais un esprit en formation succombe très facilement au mimétisme. Il n'y a qu'à observer leurs yeux lorsqu'il arrive au professeur de verser dans le cours magistral : la formule fascine. Plus le discours sera sophistiqué, plus l'auditoire écoutera attentivement et, ayant entendu plusieurs fois la même tournure, il ne sera pas rare qu'il la reproduise dans un devoir. La responsabilité du professeur, quant au niveau de langue qu'il emploie et des images qu'il convoque, est énorme, car c'est justement du registre soutenu et de la vision inédite que va s'emparer l'élève. Un lycéen est naturellement attiré par la formulation gracieuse, parce que celle-ci participe du chant. De fait, l'étrange difficulté des textes classiques n'est pas forcément un obstacle puisqu'elle semble, tout au contraire, l'un des rares moyens dont le professeur dispose pour séduire une conscience puis palier les lacunes.

Steiner est un maître de l'improvisation, un virtuose du *logos*. Il évoque dans ces entretiens l'importance de l'oral et des genres littéraires qui en découlent : « Le drame et le poème sont au début même de notre culture[18]. » Ce sont ces genres originels qui ont été proposés aux élèves pour l'écriture de leurs livres. En l'instant de la rencontre, il donne et se donne. Dans les nerfs de l'échange en direct où le mensonge ne peut pas tricher, s'est tissé un curieux pont de cordes entre maître et disciple. J'étais en apesanteur soutenue par la grâce d'un présent absolument gratuit. Mais quel singulier enseignement !

La soirée de l'enregistrement s'est achevée sous une pluie d'été, rue des Écoles. Nous nous abri-

18. *Infra*, p. 67.

tions alors dans la minuscule librairie. La libraire a reconnu Steiner et elle lui a demandé comment cela était possible qu'il soit ici ce soir, alors qu'hier il se promenait sur l'écran cathodique de son salon. « Magie noire, madame ! » a répondu le sorcier dont les sourcils écrivaient sur le front, à ce moment précis, deux accents circonflexes. Attendant la fin de l'averse, Steiner m'a offert un livre de Benjamin, *Sens unique* :

Paris, La ville dans le miroir
Déclaration d'amour des poètes
et des artistes à la capitale du monde

> Aucune ville n'est liée aussi intimement au livre que Paris. Si Giraudoux a raison quand il dit que l'homme a le plus haut sentiment de liberté en flânant le long d'un fleuve, la flânerie la plus achevée, par conséquent la plus heureuse, conduit ici encore vers le livre et dans le livre. Car depuis des siècles le lierre des feuilles savantes s'est attaché à la Seine : Paris est la grande salle de lecture d'une bibliothèque que traverse la Seine[19].

19. Walter BENJAMIN, « Paysages urbains », *Sens unique*, traduit de l'allemand par Jean Lacoste, Paris, Les Lettres nouvelles, 1978, p. 303.

Quand il vous parle, le cœur de Steiner est l'hémicycle de cette bibliothèque : on n'y consulte que des livres précieux parce qu'on y a été invité. Vous êtes son hôte ou bien l'objet de son souverain dédain. Je n'ai jamais eu à supporter ses colères légendaires, celles qui ont anéanti nombre de ses étudiants. Je jouis, le plus souvent décontenancée, de la miraculeuse bienveillance de cette figure lumineuse, tout habillée d'ironie aimante. Steiner définit le « maître » comme « celui dont même l'ironie vous donne une impression d'amour[20] ». Il a su organiser les désastres et nouer les cheveux des comètes. Les secrets de deux mondes sont entrés en collision, deux sphères qui n'auraient jamais dû se confondre. Un maître de renommée internationale et un professeur de banlieue ayant le même amour des enfants et des belles choses à transmettre. À l'aune du tableau noir et des mains blanchies de craie, les ciels et les mers, les âges et les langues se moquent peut-être de ce qui aurait dû paraître incongru.

---

20. *Infra*, p. 109.

La brasserie Balzar, à deux pas de la Sorbonne et du Collège de France, fut le lieu d'un pari. Je parlais à Steiner – qui cachait mal son malaise – de ma thèse sur la littérature fin de siècle et la figure de l'androgyne, égérie de la Bohême parisienne en ces temps révolus. Steiner se para soudain de son plus beau sourire de Diable et, afin de rendre les choses cocasses, il me fit croire à l'existence d'une *Antigone* perdue, écrite par Néron. « L'empereur s'était réservé le rôle de la nièce de Créon », ajouta-t-il. À l'instar de mes élèves, me voici confrontée à un exercice d'école : je devais écrire cette *Antigone*. Canular ? Défi syncrétique ? Le texte fut rédigé en quelques jours et immédiatement envoyé. La récolte fut calamiteuse au point que j'arrivai à envier le sort de mes élèves, plus heureux que moi dans l'attribution des prix d'excellence :

Le 18 avril 2000, Cambridge

Le petit défi était le suivant : un jeune Néron, dont le destin comprendra inceste et matricide, compose une *Antigone*. Gageure, bien entendu, immensément difficile.

Il est de très belles et fortes choses dans ton texte : « le vert de gris des statues » ; « le chant des cryptes » ; « le midi sans soleil », « la charpie des brumes », etc. Tes dons poétiques, *épigrammatiques*, sont très probablement de première qualité. Condoléances.

Mais l'ensemble est fait de trois voix qui en font un pastiche savant : le Mallarmé d'*Hérodiade*, le Claudel du *Soulier*, et l'Anouilh de l'*Antigone*, dont les citations sont à peine larvées.

Tes recherches portent sur un thème archi-mauve, dans le contexte des goûts fastueux pseudo-byzantins. « Les thébaïdes de la raison et les forteresses du songe » ; « béances... ravale l'amour » ; « à son front perle le souvenir des roses » etc. etc. – NON, pas en l'an 2000 ! (Pardonne ma franchise.) Tant de pastiches de Mallarmé et du premier Valéry qui se heurtent au *journalisme* d'Anouilh. Et plus troublant encore, cette lourde machine claudélienne néo-catholique – toute la fin – avec sa tentative (pour moi presque inadmissible) de faire de l'antique christologique à la Simone Weil.

Que tu le veuilles ou non, notre monde est celui de Beckett, et non celui du nougat rutilant d'Hérodiade ou des exaltations semi-liturgiques de Prouhèze. (Et Néron aurait mis des échardes d'humour à sa recette !)

> [...]
>
> Et un tout petit conseil : Dante se venge des trop petits qui se drapent de ses vers. Et nous sommes, *ricordati*, bien petits.

Il n'y a pas d'intérêt à écrire si l'on n'invente pas un nouveau langage, m'a souvent dit Steiner, quand il assène ailleurs que « l'œuvre d'imagination ne peut que se taire devant l'énormité des faits[21] ». Le pastiche imposé m'obligeait à emprunter une langue obsolète qui avait toutes les chances d'être obscène. Quand il joue au maître de poésie, Steiner a parfois la froideur féroce d'un greffier d'assises, sachant à l'avance que le témoignage recueilli ne bénéficiera d'aucune circonstance atténuante.

La prégnance du fait historique demande à chaque auteur une retenue linguistique, une intention philosophique traitée formellement sur le mode *a minima*, dont le mutisme sera le seul garant de l'intensité du propos et de la pertinence de l'effet. Steiner insiste sur le danger qu'il y a à

---

21. George STEINER, « Littérature et post-histoire », *Langage et silence*, Paris, 10/18, 1999, p. 278.

aborder la littérature en faisant abstraction du prisme du pire. Il savait que je me fourvoierais. Mais peut-être y a-t-il un intérêt à laisser l'élève aller à la faute afin qu'il en revienne plus riche. Pour cela, il m'imposa un «programme»: «du Beckett, relire *Les Mots* de Sartre et se fier à la modestie de l'âme et du quotidien[22]». Comme mes élèves j'ai dû me délester d'une culture pour en épouser une autre.

Nous n'avons jamais évoqué frontalement ce mépris qu'il nourrissait à l'égard de la littérature décadente (si je mets de côté quelques boutades délicieuses sur la littérature érotique de troisième rayon[23]). Il est probable que Steiner pressente dans l'esthétisme une brèche ouverte sur la catastrophe: pensons au parcours d'un D'Annunzio ou revenons à la formule de Gautier: «Plutôt la barbarie que l'ennui[24].»

Pour gagner mon pari et faire montre de plus de tact poétique, j'aurais voulu avoir l'intuition du chant plein de vent qu'inventa l'auteur de

---

22. Lettre du 24 avril 2000.
23. Voir George STEINER, «Mots de la nuit», *Langage et silence*, *op. cit.*, pp. 92-107.
24. Voir note 5, p. 9.

Miss Dalloway : « *ee um fah um so, foo swee too eem oo*[25] », ou encore écrire des mots sur le brouillard comme l'avion si léger rencontré au début du roman.

En revanche, avec toute l'arrogance de leurs quinze ans, mes élèves m'ont dépassée. Une certaine *inculture* leur a curieusement permis de capter l'essentiel, quand j'étais vulgaire par excès d'humanités. J'offrais un pastiche indigeste, ils ont proposé une voix…

Leur a été livrée la phrase – terrible – d'Adorno : « plus de poésie après Auschwitz ». Ils avaient lu Celan et rencontré son suicide ; souffert en parcourant les blocs inouïs du paragraphe de Beckett ; mais ils ont refusé le postulat nihiliste. Ils ont décidé, à leur niveau, d'écrire de la poésie et d'affirmer qu'on pouvait le faire à Drancy, où la violence du verbe peut augurer des violences plus abjectes encore. Leur ghetto est linguistique et peut appeler d'autres ghettos. *Tohu-bohu*, la tragédie écrite par mes lycéens, est une tragédie de leur temps. Il y est question de clonage et de

---

25. Virginia WOOLF, *Mrs Dalloway*, introduction de Pierre Nordon, Paris, Le Livre de Poche, 2003 (1925), p. 102.

science génétique. La mise en scène de William Mesguich, le décor numérique d'Hélène Guyot posent ensemble la question de notre modernité. Nos élèves sont venus après l'Histoire et de leurs petites mains ils ont agencé les ruines. J'ai eu l'honneur d'être le chef des travaux.

Steiner m'a souvent dit que l'on n'écrivait pas si l'on n'avait rien à proposer. La « parabole » de *Réelles présences* était la suivante :

> Ma parabole a pour but de mettre l'accent sur une question fondamentale : celle de la présence ou de l'absence, dans nos existences individuelles et dans la politique de notre être social, de la *poiêsis*, de l'acte et de l'expérience de l'acte de création au plein sens du terme[26].

On rencontre ici la grande obsession de Steiner qui prolonge, comme on ne le sait peut-être pas encore assez, chaque essai d'une fiction, qu'elle soit nouvelle ou roman philosophique[27]. J'ai

26. George STEINER, *Réelles présences*, *op. cit.*, p. 44.

27. Voir *Le Transport de A. H.*, Paris, Julliard-L'Âge d'homme, 1981 ; « À cinq heures de l'après-midi », Paris, *Cahiers de l'Herne « George Steiner »*, 2003, à paraître.

insinué ailleurs[28] que *Grammaires de la création* était un long poème métaphysique. Le choc que produit la lecture de ce livre est la conséquence de l'opportunité dérangeante d'une rencontre entre la quête philosophique et l'incandescence de la formulation. Dans un même mouvement, Steiner embrasse la doctrine, ce « langage maestral » pour paraphraser Montaigne, et agite les grelots de la poésie. La marotte vient aussitôt légitimer l'arrogance assertive de la raison. Il s'agit d'une pensée qui devient effective, quand elle s'énonce, puis se façonne et se crée *(poïen)*. Ainsi, faire acte de poésie, c'est quitter la théorie pour l'expérience. C'est tourner le dos à l'idéal pour l'action et en accepter les risques. Dès que l'on s'engage du côté de l'action, on tend le flanc à la critique de ceux qui ont choisi le doux confort intellectuel de l'inertie qui jamais ne viendra leur porter la contradiction.

Dans ces entretiens, Steiner dénonce la parole creuse, la tendance moderniste à l'aspect communicationnel de la langue, au détriment de la gratuité du langage poétique et de l'intention

28. « Éros pédagogue », *ibid.*

désintéressée qui fonde toute œuvre littéraire. Cette gratuité suppose l'engagement absolu du cœur de l'auteur qui n'aura bénéficié d'aucune alternative au moment de la création : il *devait* écrire. Le professeur de lettres est conscient de cet impératif. Alors que penser du sujet de dissertation, sacrifié au pragmatisme du texte argumentatif ? De l'éclatement de l'œuvre contrainte de se couler dans le moule de la lecture méthodique, quand cette dernière requiert le souffle vital de l'analyse linéaire ?

L'épisode d'*Antigone* me permet de revenir à un fait essentiel. Quand on rencontre Steiner, la littérature sort de la page. Elle s'incarne pour devenir une respiration. L'auteur des *Antigones* m'a délivré un cours de littérature, afin que je sente la présence *réelle* et nerveuse de la poésie au commencement de tout acte à accomplir. Dans la parole de mon maître de poésie sourdent quelques accents effroyables, car il s'agit toujours de choses essentielles. Une comparaison me vient à l'esprit : Mozart. Lorsque Steiner me taquine gentiment, j'entends derrière sa douce ironie une autre voix, comme percent immanquablement les accents de ténèbres du Commandeur sous les intonations du comte des *Noces de Figaro*. L'humour n'est qu'un détour pour revenir au prophétisme et à l'effroi des oracles, même si je suis pendue à eux.

L'intelligence de Steiner obéit à un curieux va-et-vient entre l'acte réflexif pur et la réalisation de cette pensée par le truchement du poétique. Poésie de l'œuvre et poésie de l'être. Mais l'être poétique qu'est George Steiner risque de n'être une évidence que pour ceux l'ayant rencontré. Un parallèle avec Montaigne peut être éloquent. Relisant les *Essais*, j'ai été frappée par la consanguinité des deux œuvres. Montaigne *et* Steiner sous la pourpre du même ciel et dans les mêmes *marginalia*. Œuvres denses, humanistes, tournées vers l'éducation. Œuvres où la poésie sous-tend la philosophie et devient la chair d'une pensée en train de s'incarner sous les yeux du lecteur à mesure qu'il feuillette le livre. « Nous sommes sur la maniere, non sur la matiere du dire[29] », écrivait Montaigne. Steiner ne tolère pas davantage le « bavardage distingué[30] » des mandarins, quand

---

29. MONTAIGNE, *Essais*, III, 8, Pierre Villey (éd.), Paris, PUF, coll. « Quadrige », 1999, p. 928.

30. George STEINER, *Réelles présences*, *op. cit.*, p. 44.

l'auteur français fustigeait déjà les « escholes de la parlerie », où officiaient « entre-lasseures de langage » et autres « joueurs de passe-passe[31] ». Tous deux affichent une même méfiance à l'égard du langage : « Notre contestation est verbale », « la question est de parole », « on eschange un mot pour un autre mot, et souvent plus incogneu[32] », fustige Montaigne, quand Steiner se demande comment le langage peut encore signifier, alors qu'il est usé jusqu'à la corde, préférant s'en remettre à l'ultime proposition du *Tractatus* : « 7- Sur ce dont on ne peut parler, il faut garder le silence[33]. »

J'ai le sentiment d'un même face-à-face fasciné avec la mort, la grande Essayeuse : « C'est l'intensité lucide de la rencontre avec la mort qui engendre dans les formes esthétiques cette affirmation de la vitalité, de la présence vivante, qui distingue la pensée et le sentiment sérieux du banal et de l'opportunisme[34]. » Steiner me racontait ses larmes dans les montagnes près de Port-Bou.

---

31. MONTAIGNE, *Essais*, III, 8, *op. cit.*, p. 927.
32. *Ibid.*, III, 13, p. 1069.
33. WITTGENSTEIN, *Tractatus logico-philosophicus*, Gilles-Gaston Granger (éd.), Paris, Gallimard, coll. « Tel », 2001, p. 112.
34. George STEINER, *Réelles présences*, *op. cit.*, p. 173.

en Catalogne, à la vue du chemin perdu où se suicida Walter Benjamin. Il est probable que l'œuvre de Steiner ait pris sur le terreau de *l'idée* d'un tombeau resté miraculeusement vide. (Du tombeau on ne retient que *l'idée*, les nuages ayant assigné à la plupart des siens l'horreur de l'abstraction.) Or le tombeau vide est aussi une image de la Grâce, même si celle-ci lui a été concédée: «un caprice du hasard avait rayé mon nom du cahier de présence[35]». Ainsi pour dire l'origine et la cendre, les absolues évidences de l'école et de l'écriture sont convoquées.

Cendres et poudres émaillent leurs moments de railleries sérieuses, où on achoppe à un mépris partagé pour la glose et «la poussière distinguée des bibliothèques», les «écoles critiques, les listes de lecture des universités, les programmes sémiotiques servant à l'interprétation d'œuvres d'art, qui vont et viennent comme des ombres maussades[36]». Ces «pastissages de lieux communs», «fagot de provisions incogneuës» faisaient déjà sourire

35. Voir George STEINER, «Je suis un survivant», in *Langage et silence*, *op. cit.*, p. 153.

36. George STEINER, *Réelles présences*, *op. cit.*, p. 44.

Montaigne qui avait soin de rappeler au « ravaudeur » qu'il ne possédait du livre qu'il était en train d'écrire que « l'ancre et le papier[37] ». On admettra que Steiner et Montaigne cultivent un amour semblable pour la polémique. Aussi, le génie de Steiner est-il sensible à l'oral, quand Montaigne loue les vertus de la conférence, « le plus fructueux et naturel exercice de nostre esprit[38] ». Si Steiner est comme aimanté par les êtres qui risquent de le malmener, Montaigne « cherche à la vérité plus la fréquentation de ceux qui le gourment que de ceux qui le craignent[39] ».

Car chacun a besoin de sortir de son territoire pour aller à la rencontre de l'autre. Or cette imbrication des consciences présente parfois tous les aspects du cataclysme. Les lecteurs se souviennent des orages avec Boutang ou encore Rebatet. Mais l'auteur d'*Extraterritorialité* rappelle que les couples mythiques unissent scandaleusement les contraires pour le pire et le meilleur, avant de se découvrir dans *l'autre* au terme de la lutte :

37. MONTAIGNE, *Essais*, III, 12, *op. cit.*, p. 1056.
38. *Ibid.*, p. 922.
39. MONTAIGNE, III, 8, *op. cit.*, p. 925.

> Les légendes de la dénomination réciproque que nous trouvons à travers la terre entière (Jacob et l'Ange, Œdipe et le Sphinx, Rolland et Olivier), le motif du combat mortel qui ne cesse que lorsque les antagonistes révèlent leur nom ou se nomment l'un l'autre dans un échange d'identité certifiée, sont sans doute porteurs de la trace d'un long doute : qui suis-je, qui es-tu, comment savoir que nos identités sont stables, que nous n'allons pas couler dans « l'autre » comme le font les vents, la lumière et l'eau[40] ?

Sans appartenir au mythe, la rencontre avec *l'autre*, et avec l'élève en particulier, s'inscrit dans le mouvement d'un combat qui va autoriser cette dualité, vitale à la pensée de Steiner. Séducteur redoutable, il confère au choc des esprits en présence une fonction de maïeutique à sa propre réflexion, et il est important que les choses soient difficiles. J'ose penser qu'à certains moments elles doivent paraître insurmontables. Ça n'est qu'au prix d'un tel vertige que la conscience de l'élève se

40. George STEINER, *Extraterritorialité. Essais sur la littérature et la révolution du langage*, traduit de l'anglais par Pierre-Emmanuel Dauzat, Paris, Calmann-Lévy, 2002, p. 91.

confondra avec la conscience du maître en une séduisante «érotique de la pensée[41]», si chère à Platon.

Le dernier livre de George Steiner, *Maîtres et disciples* (Gallimard, 2003), expose une pensée riche et entièrement renouvelée grâce aux rencontres de l'auteur avec autrui. Pourtant l'esprit de Steiner est un maelström. Il faut être bon nageur pour dialoguer avec lui et survivre aux cercles des spirales descendantes de la discussion. Le flux de la pensée est généreux mais redoutable, car il a l'incandescence des jeux de miroirs. Se dire et dire l'autre, c'est se rencontrer :

> Dis ce que le feu hésite à dire
> Soleil de l'air, clarté qui ose,
> Et meurs de l'avoir dit pour tous[42].

L'autre, c'est aussi l'autre langue. Steiner s'est moqué de moi car je regimbais devant les *Cantos* d'Ezra Pound, texte kaléidoscopique, «près des hautes cimes de toute littérature[43]», m'a-t-il écrit.

---

41. Voir préface à *Murmures*, *supra*, p. 22.

42. Réné CHAR, «Dis», *Les Loyaux adversaires*, in *Fureur et mystère*, *op. cit.*, p. 160.

43. Lettre du 23 mars 2002.

Zeus repose dans le sein de Cérès
Taishan est entouré d'amours
Sous Cythère, avant le lever du soleil
Et il dit : « *Hay aqui mucho catolicismo* »
(comme catoli*th*ismo)
« *y muy poco reliHion* »
et il dit : « *Yo creo que los reyes desaparecen* »
(« Les rois vont, je crois, disparaître »)[44].

Steiner a souvent insisté sur la nécessité pour l'enfant de connaître plusieurs langues. « Chaque autre langue permet de vivre une autre vie », affirme-t-il dans ces entretiens[45]. Cette maîtrise permet d'ouvrir des fenêtres et d'affirmer son être au monde, tout en étant capable d'appréhender le plus grand nombre de ses possibilités. La réalité comme le mensonge est très souvent linguistique : mieux vaut connaître sa grammaire. Enseigner reste alors une exégèse de la personne et du monde, quand le rapport de la personne au monde a cessé d'être évident et qu'il faut le redéfinir en plaçant le langage et les langues entre ces deux étrangers.

---

44. Ezra POUND, « Cantos pisans », LXXXI, *Cantos* (1915-1960), Yves di Manno (éd.), Paris, Flammarion, 2002, p. 560.
45. *Infra*, p. 79.

Pour les élèves, le français est souvent une langue étrangère qui appelle une traduction. J'ai tenté de jouer du mystère de la langue et de l'obscurité du sens qui enseigne et qui va laisser dans la mémoire des traces indélébiles. Comme le dit Steiner, la difficulté est « le lest du bonheur pour la grande traversée de la mer qu'est la vie[46] ».

L'écriture est la formulation d'un état : celui d'un esprit empli de sons, d'images, de constructions phrastiques aussi différentes les unes des autres qui n'auront été retenues qu'en raison même de leur étrangeté. L'*étrangeté* des textes est ce qui parle à l'élève spontanément, c'est le bruissement d'une langue impeccable qui n'est pas la sienne mais dont il pressent les enjeux de profondeur poétique et d'intelligence. Lorsqu'on lit à un enfant de deux ans les *Fables* de La Fontaine, les *Contes* de Perrault, l'enfant *comprend* alors qu'il ne comprendrait pas une conversation dans un registre de langue moins soutenu. Le mystère de la langue provient de sa stabilité, du caractère posé de ses formules qui rassurent et qui vont, de façon presque magique, guider le lecteur, futur écrivant, vers le sens du lu et de l'écrit.

---

46. *Infra*, p. 62.

Je me souviens d'une lettre de Céline à Paulhan, qui s'oppose diamétralement à la thèse de Steiner. « Penser en deux langues, c'est penser de travers », écrit l'auteur du *Voyage au bout de la nuit* :

Le 28 [mai 1948]

Mon cher Paulhan,

Ah je vous approuve éperdument quant à votre défense du français. Certes les langues étrangères sont agaçantes au possible. Je parle l'anglais moi-même et l'écris presque comme le français. Et mon Dieu que je l'évite ! comme la peste ! et l'allemand donc ! Je l'ai en horreur : « aboiements de chiens et grognements de porcs » « Bloy ». Penser en deux langues, c'est penser de travers, vous avez mille fois raisons, mais le français lui-même est un *lieu de bataille* [47].

Celui qui a commis les pages de *Bagatelles pour un massacre* situe la vérité dans la pureté monoglotte, là où Steiner affirme qu'« une éducation

47. CÉLINE, Lettre à Paulhan du 28 mai 1948 [?] ; *Lettres à la N.R.F., 1931-1961*, Pascal Fouché (éd.), Paris, Gallimard, 1991, p. 63.

monoglotte, chauvine n'est plus possible », la classe offrant « trop de variété, de richesse post-babelienne humaine[48] ». En outre, lire un grand texte, c'est aussi faire acte de traduction. On traduit toujours la pensée d'un auteur, quand on s'immerge dans le paysage abyssal qu'il suggère. Dès que l'élève entre en littérature, il évolue sur des terres inconnues. Les poèmes écrits où s'accumulent des citations en toute langue sont la photographie d'une démarche intellectuelle laborieuse et créative qui consistait à mettre au jour les ramifications du mythe, dans l'exercice fructueux de la littérature comparée. Peut-être que la grande bibliothèque de l'humanité tient en dix titres… Le recueil des élèves est un, quand c'est précisément la rencontre des contrastes et des voix qui a permis l'harmonie.

La pensée de Steiner est polyphonique. En elle s'accordent plusieurs voix, ce qui nous donne parfois l'impression qu'il se promène là et nulle part. L'une des grandes ruses de la pensée est de ne pas afficher ses propres limites. Son errance entre les mathématiques, les lettres et la métaphysique scandalise ou angoisse. L'amplitude du mélange

48. *Infra*, p. 128.

s'oppose à la manie du temps et à ses conséquences : la spécialisation et l'esprit étriqué. Il y a dans cette passion humaniste quelque chose de très suspect qui ressemble à une maladie grave. Lors de conférences travesties en disputes mémorables, Steiner a opposé le souffle baroque d'un Shakespeare, scandaleusement vivant, à l'académisme et à son inertie. J'ai été effrayée par la folie qui semblait alors s'emparer du Maître. Était-ce le *noir génie*, l'*acédie* de l'homme d'exception à laquelle fait allusion Aristote[49] ? Steiner est ontologiquement mélancolique. Mais il n'erre pas comme Bellérophon, dévorant son cœur et évitant le pas des humains. Son orgueilleuse tristesse échappe à la déréliction contemplative d'un misanthrope. En tendant la main aux élèves, Steiner a embrassé l'action puis tenu la dragée haute au découragement. Il salue « le martyre[50] » du professeur et ses heures de profonde détresse. « La profession la plus

---

49. Voir ARISTOTE, *Problème*, XXX, 1, *L'Homme de génie et la mélancolie*, Jackie Pigeaud, (éd.) Rivages, coll. « Petite bibliothèque », 1991, p. 83 : « Pour quelle raison tous ceux qui ont été des hommes d'exception, en ce qui regarde la philosophie, la science de l'État, la poésie ou les arts, sont-ils manifestement mélancoliques, et certains au point même d'être saisis par des maux dont la bile noire est l'origine ? »

50. *Infra*, p. 94.

orgueilleuse et la plus humble qui soit[51] », murmure-t-il à la fin des entretiens. Ainsi la mélancolie de Steiner est *action* et si elle regarde en arrière c'est pour nous projeter au-delà de tout ce que l'on aurait cru possible.

Hamlet met en scène la vérité. Dans le foyer de son regard intransigeant, la poésie désigne et implique l'être politiquement jusqu'à la mort, jusqu'au suicide. Me revient cette réplique du prince de Danemark à Gertrude, où il est question de la douleur authentique de l'acteur qui dépasse tous les sobriquets d'action et de pensées feintes :

> *Semble*, madame ? Mais je le suis, j'ignore
> votre *semble*.
> Ce n'est pas seulement mon habit d'encre,
> chère mère,
> Ni le deuil coutumier de ce noir solennel,
> Ni les bruissants soupirs du souffle
> qui se brise,
> Non pas, ni la fertile rivière de l'œil,
> Non plus que la mine défaite du visage,
> Ou quelque forme, mode, apparence de peine,

51. *Infra*, p. 136.

Qui peuvent me peindre au vrai. Voilà bien
ce qui *semble*,
Car ce sont des actions que tout homme
peut jouer ;
Mais ce que j'ai en moi, cela dépasse l'acteur,
Non ces pauvres accessoires et costumes
de la douleur[52].

Je ne désire qu'une chose : continuer à porter ce noir vêtement d'acteur, car il est celui d'un maître, il a la couleur de l'encre, et sa teinte n'est pas celle de la pensée en berne : au contraire, le feu de son ironie tient chaud quand l'horizon est de neige.

52. Seems, *madam ? Nay, it is. I know not seems. / Tis not alone my inky cloak, good mother, / Nor customary suits of solemn black, / Nor windy suspiration of forced breath, / No, nor the fruitful river in the eye, / Nor the dejected haviour of the visage, / Together with all forms, moods, shows of grief, / That can denote me truly. These indeed* seem, */ For they are actions that a man might play ; / But I have that within which passeth show - / These but the trappings and the suits of woe.*
SHAKESPEARE, *Hamlet*, I, 2, traduit de l'anglais par François Maguin, Paris, Garnier-Flammarion, 1995, p. 75.

1.
Éloge de la difficulté

Méphistophélès
Avez-vous déjà beaucoup étudié ?
L'Écolier
Je viens vous prier de vous charger de moi !
Goethe

C.L. : Il est bien difficile de trouver le terme adéquat pour vous présenter. Choisirais-je écrivain ? Auteur de très nombreux ouvrages comme Grammaires de la création[53] *et, plus récemment, le magistral* Maîtres et Disciples[54], *à côté duquel ces entretiens me semblent une sorte de travaux dirigés ? Ou encore philosophe, spécialiste notamment de Heidegger ? Érudit, humaniste, professeur ? Ne préférez-vous pas tout simplement lecteur ?*

---

53. *Grammaires de la création*, traduction de Pierre-Emmanuel Dauzat, Paris, Gallimard, 2001.
54. À paraître chez Gallimard, novembre 2003.

G.S. : Lecteur est probablement ce qu'il y a de plus juste et de plus adéquat. Il y a en France un terme qui suscite un amer sourire dans le monde anglo-saxon. On ne peut pas dire, en anglais, un maître à penser. C'est d'une pompe inénarrable. J'aimerais dire que, parfois, j'ai pu être un petit maître de la lecture, et ça nous place dans le vif du sujet.

Pour mes élèves vous avez d'emblée été un maître. Ils savaient qu'outre-Manche l'on vous considérait comme tel, quand au même moment ils se forgeaient l'intuition toute personnelle de l'envergure de votre œuvre écrite, à laquelle ils s'essayaient déjà depuis des semaines. Ils ressentaient donc une très grande appréhension au moment de l'envoi de leurs poèmes, tant ils mesuraient la profondeur de l'abîme entre leur monde et le vôtre. Il y avait beaucoup d'excitation aussi. Mais je dois vous avouer qu'ils ne croyaient pas vraiment à la chance d'une rencontre. Il est courant d'envoyer des bouteilles à la mer dans notre métier… C'est le poème qui a servi de pont entre les deux rives, juste au-dessus du gouffre. Quel a été votre sentiment à la lecture de leurs sonnets ?

J'ai trouvé ces textes presque miraculeux. Tout d'abord, vous enseigniez en région parisienne à Drancy. Drancy, pour ceux de mon âge, évoque un souvenir terrible et précis : celui du stade qui menait aux camps de la mort. Son école porte elle-même le nom d'un des plus grands héros de la pensée pure, Évariste Galois, le tout jeune mathématicien qui s'est fait assassiner pour résistance politique dans un traquenard tendu par la police. Tout se combine autour de votre personnage, car vous avez su donner à vos élèves cette passion pour le poème, pour la poésie. C'est un recueil époustouflant, si l'on songe à la route qui a mené vos élèves jusque-là. Cela soulève toute la question capitale de la poésie et de la scolarité, l'arrière-fond social très difficile pour les étudiants, la langue française, etc. Vous leur avez donné admirablement l'amour d'une langue qui n'est pas habituellement celle de leur monde, celle de leur foyer. Et avant tout, l'amour du poème : qu'est-ce qu'un poème pour ces enfants-là ? J'ai été absolument passionné par cette entreprise et très fier d'y être associé.

Je dois vous avouer que tout a été très laborieux. Déjà, lorsque j'ai annoncé à mes élèves qu'on allait écrire un recueil de poèmes, il s'est produit une véritable insurrection. Pour eux, il était hors de question de lire davantage, encore moins d'écrire, et surtout pas de la poésie, car, de tous les genres littéraires existants, c'était peut-être à leurs yeux le plus rébarbatif. C'est justement parce que c'était difficile et infaisable qu'on allait le faire. Je pense que le travail du professeur est de travailler contre, *de confronter l'élève à l'altérité, à ce qui n'est pas lui, pour qu'ensuite il se comprenne mieux lui-même. On allait donc travailler contre et le pari allait être celui de la difficulté. Tout ce qui est excellent est très difficile : c'est ce que vous dites sans arrêt. On allait travailler dans ce sens-là.*

Les grandes étapes ? Chez eux, il n'y a pas de livres. Là résidait la première gageure. Certains jours, j'arrivais en classe avec des valises de livres. Je prêtais les miens, on s'attardait en bibliothèque. On a énormément lu, et ensuite, seulement, on a pu écrire.

Comment a-t-on lu ? J'ai donné à l'ensemble de la classe un corpus de textes général, autour des thèmes de la chute, de l'enfer, parce que c'étaient les thèmes de notre recueil, et ensuite un corpus de textes personnalisé, en fonction des goûts et des possibilités de chacun. On s'est donc imprégnés de toutes ces lectures. Il s'agissait de lectures très classiques : les grands mythes, Dante, les textes de l'Antiquité où il est question de descente aux Enfers. Puis certains ont filé la métaphore jusqu'à notre modernité. À ce stade, on a pensé à l'enfer concentrationnaire, étant donné que nous étions placés sous la tutelle de George Steiner. On a tenté de se saisir de cette thématique philosophique très importante.

Par ailleurs, à observer la qualité littéraire, voire poétique du recueil avec ses formes fixes très complexes, très maîtrisées, auxquelles s'ajoute le système des rimes et de la versification, on pourrait se laisser aller à la candeur de croire qu'on a bénéficié d'une sorte de grâce relativement inexplicable… Mais, en fait, il n'y a pas de miracle. Nous avons tous énormément travaillé. Il faut perdre cet angélisme à l'égard de la valeur et des promesses du premier jet. Le premier jet est catastrophique. Le plus souvent, des écrins de poncifs, des platitudes à pleurer. L'écriture de l'adolescent, quand il s'épanche un petit peu, est très décevante. La difficulté pour moi a été de le dire aux élèves sans les vexer. Ils étaient d'accord pour rentrer dans l'aventure poétique, mais ils se mettaient à nu. Croyez-moi, un adolescent qui se met à nu est un spectacle peu attrayant. Donc il était question de s'imprégner des grands auteurs, des grands textes pour qu'ensuite, une fois cette matière assimilée, la petite voix personnelle jaillisse de l'ensemble de ces lectures. Les élèves ont tout à apprendre, ce qu'ils ont compris très vite ; ça les a rassurés.

Nous vivons dans une culture, dans une atmosphère où la poésie est devenue plus que jamais minoritaire. C'est évident. La poésie, c'est la voix d'une certaine élite passionnée, d'un groupe de lecteurs assez restreint. Depuis la fin du XIXe siècle, d'ailleurs – à partir de Baudelaire –, il y a un écart entre le poète et le grand public.

Pour les enfants, le poème est une gageure formidable. C'est d'habitude quelque chose que l'on doit apprendre par cœur, qui agace profondément. C'est une sorte de petite machine de persécution de la mémoire, et pour commencer à aimer le poème… C'est ça le miracle que vous avez accompli. C'est ce qu'il y a dans ce recueil : une passion pour le poème. D'ailleurs, je vais vous taquiner un instant. Nos goûts ne sont pas toujours les mêmes. Il y a chez vous une passion pour la poésie de la fin du XIXe siècle. On trouve dans ce petit recueil des échos tout à fait curieux de l'*Hérodiade* de Mallarmé, par exemple, un peu de Régnier et de cette époque-là. Mais c'est admirable de pouvoir donner à un enfant la confiance de dire : « Moi aussi je peux écrire un poème. » Vous avez réussi. Ce qui m'amène tout droit à cette question : est-ce que le poème ne devrait pas reprendre, précisément dans la vie de l'enfant moins privilégié, de l'enfant qui possède un arrière-fond de handicap social, économique ou idéologique, un rôle de tout premier plan ?

Je pense que la petite étincelle existe chez tous les enfants. Tous les élèves ont une propension à s'exprimer, à parler d'eux-mêmes, à parler des grands textes. Seulement, ils n'ont pas tous la chance de naître là où il faut, et le travail de professeur est justement d'entretenir cette petite flamme. J'ai donné parfois des cours particuliers à certains de mes élèves. Comme je vous l'ai dit, quand j'allais chez eux, je constatais qu'il n'y avait pas un seul livre. Le professeur a donc un travail énorme à accomplir !

Remarquons qu'il n'y a peut-être pas un livre chez eux, mais que le génie de la poésie est oral.

Nous l'oublions. Dans la majorité des grandes cultures de notre planète, le poème se transmet de voix vivante à voix vivante, et pas du tout par le livre. Cela donne une chance énorme à une communauté techniquement illettrée. Je dis bien «techniquement» et pas illettrée dans la conscience, ni dans l'esprit, ni dans le cœur. On peut réciter et composer des poèmes par la voix vivante, par l'oreille vivante. Peut-être y a-t-il là une ouverture sur un monde où le livre est encore objet de luxe?

C'est pourquoi je regrette que l'on n'apprenne plus par cœur. Apprendre par cœur, tout d'abord, c'est collaborer avec le texte d'une façon tout à fait unique. Ce que vous avez appris par cœur change en vous et vous changez avec, pendant toute votre vie. Deuxièmement, personne ne peut vous l'arracher. Parmi les salauds qui gouvernent notre monde, la police secrète, la brutalité des mœurs, la censure – et il y en a aussi chez nous sous toutes les formes –, ce que l'on possède par cœur nous appartient. C'est une des grandes possibilités de la liberté, de la résistance. Il n'est pas nécessaire de souligner que les plus grandes poésies russes de notre siècle, celles précisément d'Ossip Mandelstam, d'Akhmatova et tant d'autres, ont survécu dans le par cœur. Et le par cœur veut dire : je participe à la genèse, à la transmission du poème, je tiens le poème en moi.

Il y a une petite vérité toute brève, mais quasiment miraculeuse. Dans les camps de la mort, il y avait des hommes, des érudits, des rabbins qu'on appelait les « livres vivants ». C'était des gens qui savaient tellement par cœur qu'on allait les feuilleter, qu'on allait chez eux pour dire : que veut dire ce texte ? d'où vient-il ? quelle est la bonne citation ? Pouvoir bien citer, c'est une des bonnes conditions de la liberté. C'est le contraire même du pédantisme byzantin.

Oui, je crois profondément que lorsqu'on abandonne l'apprentissage par cœur – et l'enfant peut apprendre très vite, admirablement –, si on néglige la mémoire, si on ne l'entretient pas à la manière de l'athlète qui exerce ses muscles, alors elle dépérit. Notre scolarité, aujourd'hui, est de l'amnésie planifiée.

Aux yeux de certains pédagogues, l'affranchissement des élèves du « par cœur », de ce rapport un peu autiste au texte, de cette espèce de torture qui consistait par le passé à leur faire apprendre des poèmes, à les faire réciter devant la classe, est considéré comme une grande victoire. Les élèves sont les premiers à s'insurger contre cette méthode qui les renvoie à des souvenirs de cours élémentaire où pire encore à des visions de troisième République. Pour eux, la récitation est le contraire de la réflexion ; c'est l'oubli de soi au profit d'une voix étrangère dans laquelle on se dilue. La dépossession du peu de singularité que l'on est fier d'avoir à quinze ans, l'idée de n'être qu'un truchement leur sont odieuses.

Mais c'est le contraire ! Vous les videz en leur enlevant ce qu'on porte, le bagage intérieur. Vous leur prenez le lest du bonheur pour la grande traversée de la mer qu'est la vie.

Encore une fois, je pense que ce qui est important est de travailler contre. *Je leur ai demandé d'apprendre des textes par cœur cette année pour l'écriture de* Tohu-bohu, *une tragédie dont la trame a été* très *largement inspirée de l'*Œdipe Roi *de Sophocle. Il était question pour mes élèves d'apprendre toute la tirade finale d'*Œdipe. *Au début, nouvelle insurrection : ils n'étaient pas contents du tout, mais maintenant ils ont Sophocle en eux, dans leur cœur,* *et c'est vrai que le drame grec leur appartient et que l'hypotexte les a énormément aidés pour l'écriture. De façon presque magique, le souvenir des textes appris par cœur ressurgit au moment où eux doivent formuler, créer une syntaxe impeccable. Je pourrais le prouver scientifiquement ; je sais pourquoi telle ou telle expression est bonne : c'est parce que derrière elle il y a le par cœur, la mémoire de l'indépassable… Sophocle ne les quittera plus maintenant. C'est très important aussi qu'ils puissent s'entendre. Lorsque leurs textes ont été incarnés pour la première fois cette année, lorsque des acteurs sont venus en classe pour jouer des extraits de* Tohu-bohu, *ils ont eu un choc parce qu'ils se sont rendu compte qu'ils avaient écrit quelque chose de littéraire, quelque chose de fort et que le texte « passait ». Puis ils ont vécu l'épreuve de la scène. Le soir de la création de leur pièce par William Mesguich au théâtre Michel-Simon de Noisy, un effet de sidération était perceptible chez les élèves. Ils étaient étonnés de la beauté de leur texte. Ils étaient comme étrangers à eux-mêmes. Ils ne se reconnaissaient pas dans le texte écrit et maintenant joué dont ils venaient d'être dépossédés. Il est très important qu'il y ait, à un moment, cette mise à distance du texte par rapport à celui qui l'a écrit, au moyen de la parole. Il s'est produit, au cours de la représentation, une sorte de jeu de miroir absolument indispensable. Le genre théâtral se prête à ce dédoublement.*

Je suis très heureuse qu'il soit donné à Tohu-bohu *la possibilité de vivre une petite carrière littéraire. Tout a commencé par le cadeau que nous a fait Daniel Mesguich en préfaçant le livre. Puis il a participé au spectacle en enregistrant des passages que l'on entend très régulièrement entre les aboiements du Golem et les odieuses diatribes pangermanistes du Précepteur. Un mélange curieux de* La Leçon *de Ionesco, de* La Machine infernale *de Cocteau avec Meyrink au milieu... William Mesguich, quant à lui, créera la pièce pour un mois à Paris à l'Espace Rachi cet hiver. Mes élèves – en grande partie d'origine maghrébine – vont rencontrer les enfants juifs du centre. C'est évidemment très important.* Tohu-bohu *est une tragédie de leur temps, même si les symboles doivent être décryptés puisque l'action se passe à Prague à la fin du* XIXe *siècle, ville de tous les schismes. Ainsi deux sociétés sont en conflit, quand le décor numérique d'Hélène Guyot installe les drames de la science génétique dans la conscience du spectateur, de la scène d'exposition au dénouement. La littérature a permis aux élèves de* lire *le monde, leur monde, leur modernité, et de les posséder un peu mieux. Ils ont pu assigner à la culture une véritable fonction. Soudain, le cours de français a perdu de cette gratuité à laquelle je suis éperdument attachée mais qu'ils ont beaucoup de mal à admettre, quand ils ont le sentiment que leur temps est compté et qu'on n'a pas le droit de le leur voler en le remplaçant par des logorrhées baroques sur le drame romantique. J'ai tenté de modifier ce rapport qu'ils avaient au temps, en revenant sur chaque difficulté, en faisant réécrire plusieurs fois la même phrase, en faisant lire dix fois la même page avec un ton différent pour qu'ils sachent que c'était dans la douce parcimonie de la lenteur et du travail que l'on gagnait la partie contre le temps.*

En ce qui concerne Murmures, *la poésie a été pour moi l'occasion de les faire lire énormément – vous me direz que j'ai fait la même chose pour le théâtre –, de travailler sur un genre très court où on allait pouvoir concentrer toutes les lectures et être efficaces dans l'invention des images, dans l'emploi des métaphores. Je les ai fait lire, mais j'ai aussi été un despote. Pour qu'ils puissent écrire, ils avaient des consignes très précises. Il était question d'inventer une métaphore, de coller tel ou tel passage pour que le texte ait tout de même une substance.*

Je suis professeur de lettres : je suis obligée de leur apprendre le français afin qu'ils puissent avoir leur baccalauréat. Il est aussi question de leur enseigner la stylistique, la grammaire, une culture générale, pour que l'année prochaine, au bac, ils n'échouent pas. Ces poèmes étaient pour moi l'occasion de les faire entrer naturellement dans le texte littéraire pour que celui-ci perde de son étrangeté et qu'ils ne soient plus complètement inhibés face à lui.

Le théâtre m'a permis d'aborder l'oralité que j'avais négligée l'an passé et que je voulais traiter avec eux cette année. La poésie est un genre très confidentiel, et j'ai envie qu'on sache que ce que font mes élèves peut être remarquable. Par définition, le théâtre est un genre spectaculaire. Puisque la pièce sera créée cet hiver, on pourra en parler, et j'attends beaucoup de ce halo de commentaires, d'engouements ou de critiques – qu'importe – qui se développera autour de notre expérience. Les élèves méritent tout, sauf l'indifférence. Le théâtre, le spectacle vont permettre le dialogue.

D'après vous, se joue-t-il quelque chose de très spécifique à travers la parole poétique et le dispositif théâtral ? Une spécificité que l'on ne retrouverait pas dans une narration classique, par exemple ?

Songez que la grande prose est plus rare que la grande poésie, que d'apprendre la prose par cœur est très difficile. Ça peut se faire, mais c'est beaucoup plus difficile que d'apprendre la poésie. La prose se penche toujours, précisément, vers le livre, vers l'impression. Le drame et la poésie sont, nous venons de le dire, des formes d'une très grande oralité, et ce sont des formes archaïques. La prose, comme nous la cultivons, se développe assez tardivement dans l'histoire de la rhétorique et de la pensée littéraire. Le drame et le poème sont au début même de notre culture. Il ne faut jamais cesser de s'étonner, d'être totalement éberlués – le mot est peut-être vulgaire – par le fait qu'il y a des vers qui remontent avant l'écriture et que nous récitons aujourd'hui. Il y a dans Homère des éléments qui remontent longtemps avant l'écriture. Il est tout à fait possible que les chants de Pindare aient existé bien avant l'écriture ; pourtant ils continuent à « chanter ». La voix humaine – pour simplifier les choses – n'est pas une voix prosaïque.

2.

Créer à l'école

– Que diable de langage est ceci ?
Par Dieu, tu es quelque hérétique.
– Seignor, non, dit l'écolier, car libentissiment,
dès ce qu'il illucesce quelque minutule lesche
le jour, je démigre en quelqu'un de ces tant
bien architectés moutiers…
Rabelais

C.L. : Un livre est trop souvent pour l'élève un corps figé, de papier et d'encre ; le sigisbée d'un auteur mort depuis plusieurs siècles. Les mots n'ont aucune résonance, la syntaxe n'est pas musique mais galimatias abscons. À certaines heures, il m'arrive de penser que la littérature devrait être psalmodiée, non transcrite. Pour eux, j'ai choisi instinctivement le théâtre et la poésie. J'ignore pourquoi je me suis orientée vers ces genres spontanément.

G.S. : Vos racines sont en partie celles de l'Iran, de l'ancienne grande culture persane. Le Moyen-Orient est une culture d'oralité. Il y a encore aujourd'hui, comme au Maghreb, des hommes et des femmes qui connaissent mille vers par cœur, de l'épopée, des grands chants d'amour. Ici, à Paris, à Londres, à Cambridge, nous vivons beaucoup trop dans le monde ultra-livresque, dans le monde du *Lutrin* de Boileau pour ainsi dire, et parfois il faut prendre un petit pas de recul devant cette phénoménologie.

En effet, l'oralité appartient aux élèves ainsi qu'un certain nombre d'archétypes qui datent d'avant l'écriture. Murmures, *leur recueil de poèmes, convoque le mythe de la chute et* Tohu-bohu, *leur tragédie, celui de la gémellité. Faire appel à une matière préexistante au cours participe d'une exigence d'honnêteté intellectuelle que je me suis imposée. Je leur demande beaucoup, mais je dois prendre en compte ce qu'ils sont. Sans démagogie, il est vrai que ces grands archétypes, qui sont ceux que l'on trouve chez Homère, chez Dante, sont des images séminales que les enfants ont en eux, mais qu'ils ne possèdent pas à défaut de pouvoir les formuler. J'essaie, avec eux, de faire en sorte que ces choses-là remontent au moyen de l'écriture, et c'est seulement ensuite que l'on revient sur les règles fondamentales de la grammaire, de la syntaxe. On travaille sur ce terreau-là, sur ces viviers mythologiques, bibliques, coraniques – ça dépend des élèves – qu'ils possèdent tous. Quand j'ai fait un sondage en début d'année, quand je leur ai dit qu'on allait travailler sur la chute, ils avaient tous une vague idée de ce qu'était la pomme d'Adam et Ève, de ce qu'était le serpent, etc. Je pense que c'est pour cette raison qu'il faut construire son enseignement sur la lecture des classiques car, en fait, la bibliothèque universelle tient peut-être dans dix livres que les élèves ont, sans le savoir, dans leur besace.*

J'ai cherché à faire avec eux de l'écriture créative et, en même temps, à intégrer ma démarche dans cette nouvelle épreuve du baccalauréat : l'écrit d'invention. Inventer, créer *fonctionnent de concert avec les idées de règles et de rigueur. Je veux être très précise à ce sujet.* Murmures *et* Tohu-bohu *sont des propédeutiques passionnantes au baccalauréat. Pour écrire un sonnet ou une scène de théâtre, il faut avoir fait l'*inventaire *des traits taxinomiques, stylistiques, qui incombent à tel ou tel grand genre littéraire. Ce nouveau sujet est redoutable, car il demande une maturité, un rapport presque fusionnel au texte parangon dont on va devoir se nourrir pour créer un pastiche érudit. Proust* *écrivait des pastiches... Mais c'était Proust. On ne peut pas dire que ce sujet est facile ou démagogique. C'est tout le contraire ! On se situe dans la grande tradition d'un Fénelon qui faisait dialoguer les morts. Seulement il faut que le professeur de français ait conscience de cela, afin de le dire aux élèves qui respecteront tout ce qu'on leur présentera avec conviction comme digne de respect. Et le problème avec ce sujet reste – je le crois très sincèrement – qu'il implique la personnalité du professeur, et la propension, plus ou moins ténue qu'il aura à embrasser le poétique. C'est bien évidemment immensément difficile, et beaucoup de collègues, de façon tout à fait légitime, estiment qu'un tel exercice n'est pas de leur ressort. Nous ne sommes que professeurs... Alors écriture créative, écrit d'invention, j'ai essayé de pratiquer les deux, parce que je n'ai pas le droit de perdre de vue la réalité du baccalauréat. Par ailleurs, on peut très bien vivre sans poésie, et il y a des élèves avec qui j'ai raté mon coup. Je le sais très bien. J'ai essayé d'être à la fois initiatrice et médiatrice. Je les ai conduits par le sérieux des lectures et des travaux d'écriture à réussir une copie pour le baccalauréat, mais bien évidemment – moi j'écris également – je voulais les accompagner ailleurs. Je sais que pour certains ça a marché. Je voulais leur faire sentir le miracle des mots, la poésie de la grammaire. Certains ont compris, et il est évident que nous sommes allés plus loin que dans un simple cours de français. Rappelons ici la polémique terrible qui s'installe en France en ce moment. Certains disent qu'on assassine les lettres, qu'on tue la dissertation ; d'autres disent au contraire qu'il faut absolument sauver les lettres, et notamment supprimer cet exercice d'écriture créative qui apparaît à l'épreuve anticipée de français, en disant fondamentalement que le vrai rapport à la littérature, le vrai rapport au texte, la véritable constitution d'une culture littéraire, passent par des exercices qu'on appelle la dissertation, le commentaire composé, etc. Je voudrais avoir votre sentiment sur cette polémique. Je songe aux pages terribles que vous consacrez à ce culte de la glose, à l'arrogance du méta-discours, occultant la présence indispensable du poétique dans nos existences individuelles et dans nos actes. Qu'en pensez-vous ?*

C'est une question lancinante et qui probablement n'en est qu'à ses débuts. On est en train de sentir en France la crise de la langue française, une langue dont la place diminue dans le monde entier.

L'énergie de l'espagnol la dépasse maintenant de partout, et de loin, pour ne pas parler de la domination planétaire anglo-américaine. Le français se trouve devant l'immensité de sa gloire passée, devant l'orgueil infini de ses gloires de plus en plus méconnues, inconnues ou oubliées. D'autre part, on pourrait se dire : pourquoi ne pas permettre à l'enfant, à l'élève ou au candidat de soumettre un dessin, une composition musicale, l'esquisse d'une chorégraphie. Pourquoi toujours le langage ? Ce n'est pas du tout évident. Il y a des êtres d'une puissance de création profonde dans leur sensibilité qui sont anti-verbaux, pour lesquels le mot pose un grand problème et la syntaxe est une entrave. Dans les universités américaines, il existe des diplômes de *creativity* qui permettent de soumettre dans un autre média : une œuvre d'art, une musique, etc.

À mon sens, cela porte la trace d'un amateurisme arrogant... Mais il faut faire très attention. Nous sommes dans une période de transition. Nous allons sans doute parler plus tard du rôle des sciences dans tout ça. Il est énorme et nous ne l'avons pas encore évoqué. Je suis dans un véritable état d'ambiguïté ou, si vous voulez, de schizophrénie : je comprends parfaitement la révolution contre l'excès du secondaire, du commentaire, de l'analytique ; d'autre part, je crains beaucoup la perte des références essentielles qui ont été le substrat de notre identité. L'identité d'une langue, d'un peuple, d'une génération est dans les legs, dans l'héritage de ce qu'elle aime du passé. Si on perd cela, on court le danger d'une barbarie de l'innovation creuse : ça se dessine à tous nos horizons. Mais attention : il faudrait être un génie, que je ne suis pas, et d'une sagesse infinie, pour trancher. Il faut écouter les deux côtés.

Vous êtes un héritier du système français. Vous avez fait vos études à Janson-de-Sailly, un grand lycée parisien. Vous sentez-vous redevable de ce système ? Avez-vous éprouvé des plaisirs intellectuels à vous immerger dans cette culture classique, humaniste, voire académique ?

Oui, parce que je suis mandarin. Je suis professeur, je ne suis pas créateur. Mais j'ai connu les grands créateurs, un certain nombre, qui ont en eux l'innocence d'un certain illettrisme. J'aime toujours raconter que dans mon collège, à Cambridge, nous avions comme membre honoraire

Henry Moore. Quand il arrivait et qu'il parlait de politique, c'était peu réjouissant, c'était souvent d'une bêtise inénarrable. Il fallait fermer les oreilles et regarder ses mains, et alors on savait ce que c'était que l'intelligence totale et absolue : les mains de Henry Moore. Et personne ne peut juger de ça. C'est le domaine de la créativité de l'âme, de l'être humain. C'est encore une des grandes terres inconnues, en dépit de la psychanalyse et de l'analytique.

Oui, je dois tout au vieux système des lycées, au vieux système du bac, des licences de lettres, mais je sais très bien que le monde est en train de changer.

*Les savoirs se sont déplacés. On se demande souvent pourquoi le niveau baisse. Il est sûr qu'un lycéen de la fin du XIX*e *siècle connaissait le latin, le grec, la grammaire. Ce n'est plus le cas aujourd'hui, et c'est vrai qu'il y a là un problème. Les savoirs se sont déplacés. Aujourd'hui, nos élèves sont peut-être plus intuitifs, plus inventifs, mais je me méfie beaucoup des intuitions et des étincelles créatrices des élèves parce qu'encore une fois elles sont très souvent décevantes. Sur le terrain, depuis que j'en-*

seigne, je fais écrire les élèves tous les ans. Il faut canaliser tout cela, avec beaucoup de rigueur. Avancer lentement, ne pas avoir peur de se tromper, de biffer, de jeter. Sans cesse je me suis demandé comment canaliser l'intuition et faire d'une étincelle un peu décevante un texte fabuleux et rigoureusement écrit. Avant toute chose, on lit beaucoup pour s'imprégner de la syntaxe des autres et construire la sienne. Cela représente un effort considérable de réinvestissement de la matière lue. Pour Tohu-bohu, *chaque élève a écrit dix brouillons. J'ai demandé à soixante élèves d'écrire cette pièce. Vous voyez le travail sur la génétique du texte ? On pourrait faire une thèse sur les brouillons de mes élèves, et l'erreur est sûrement lumineuse. Des dizaines de textes d'auteurs à l'origine des copies, six cents brouillons, et un seul livre. La cohérence de l'ensemble s'est dessinée petit à petit et a été évidente quand ils ont eu le livre dans les mains. Être cohérent, sentir, de leur point de vue, que la démarche est cohérente ne va pas de soi. Je pense à la question de la langue soutenue, manifeste dans leurs livres. On pourrait parler de schizophrénie chez certains élèves : la langue scolaire n'est pas la langue qu'on parle, la langue maternelle n'est pas nécessairement la langue de l'école, etc. On observe une espèce de rapport extraordinairement complexe à cette langue que la poésie et l'écriture viennent en quelque sorte perturber.*

Mais ils sont fascinés par le mot, par la grande littérature et je compte essentiellement sur cette fascination pour débloquer les choses. Les élèves comprennent très vite là où est le beau et ils attendent qu'on le leur offre. Ce qui ne les empêche pas d'être dans une situation schizophrénique parce qu'à la maison on ne parle pas comme Baudelaire. Et il y a un tabou autour de la langue littéraire. Lorsqu'il a été question pour mes élèves de dire à leurs camarades qu'ils écrivaient de la poésie ou du théâtre, ce fut très difficile, très douloureux. Ils ont eu presque honte en fin d'année de présenter leurs textes en bibliothèque, mais ensuite ils ont été très fiers. Là ils ont progressé, ils ont vieilli de trois ans en l'espace de deux heures. Ils ont mûri très vite. Mais il est vrai que le ghetto dans lequel s'enferment ces élèves-là est un ghetto avant tout linguistique. Il y a une véritable loi du milieu, une loi de la cité. Ils ont du mal à s'émanciper de cela. Je revois une élève régulièrement, Miruna. Je l'avais dans ma classe l'année de ma titularisation, il y a quatre ans. Elle est maintenant en fac d'histoire à Nanterre. Elle me dit : « Cécile, je suis vraiment dans une situation difficile : je m'exprime d'une certaine manière à la fac, et quand je rentre à la maison, le soir, je parle avec mes copains, et là je parle une autre langue.» C'est intenable. Julie, l'amie de Miruna, par je ne sais quel miracle, avait une propension beaucoup plus nette à se glisser dans le moule d'un langage normé tant sur le plan syntaxique que tonal. Les choses ont été faciles. La rencontre avec l'université s'est faite sereinement. Julie termine une maîtrise de littérature comparée sur le théâtre de D'Annunzio, et elle veut être… professeur de lettres. J'avais fait écrire de la poésie à Julie l'année où elle était mon élève. Je ne sais pas vraiment dans quelle mesure son sonnet sur Érasme et L'Éloge de la folie *a compté pour elle et pour la suite… Il faudrait le lui demander. Miruna est bilingue tout comme Julie, l'une étant roumaine, l'autre italienne. Vous avez dit vous-même que le fait d'être polyglotte enrichissait.*

Je crois passionnément que chaque langue est une ouverture sur un monde totalement nouveau. Chaque autre langue permet de vivre une autre vie, mais il y a là un grand luxe. Pour le commun des mortels, pour ceux qui sont monoglottes, qui vont vivre dans leur culture linguistique, il est évident que maîtriser leur langue – c'est votre idéal –, c'est l'ouverture sur la maturité d'esprit et sur leur présence politique dans notre société. Ce qui me passionnerait, c'est de savoir s'il existe une différence entre les jeunes filles et les jeunes gens dans leurs réponses à votre projet. Est-ce qu'il y a eu une coupure nette dans les réflexes ?

Oui, ça a marché avec les filles mais c'était très difficile avec les garçons. Je ne sais pas pourquoi. La honte, peut-être, ce côté anti-viril de la poésie. Ce genre de fille, plein de chichis, de simagrées, ça ne convient pas du tout à mes lycéens garçons, et c'est avec eux que j'ai échoué. L'année dernière, il y a un élève qui n'a pas écrit dans Murmures, *et c'était un garçon. Je pense que là, il y a une différence presque ontologique. J'ai du mal à me l'expliquer. Les choses s'inversent ensuite dans le supérieur : ce sont les garçons qui se débrouillent le mieux.*

3.

Grammaire

Les mots flottaient, isolés, autour de moi.
Hoffmannsthal

C.L. : Vous placez entre la poésie et la philosophie votre passion de philologue. L'amour que vous portez aux mots n'a d'égal que la méfiance qu'ils vous inspirent. Votre relation à l'autre est avant tout une relation de mots et c'est à travers eux que vous choisissez de vous donner ou de vous soustraire à sa présence. Je vous ai connu muet, et ce fut terrible. En outre, le terme de grammaire a une importance monumentale dans votre œuvre. Vous parlez de grammaire intérieure ; l'un de vos derniers livres a d'ailleurs pour titre Grammaires de la création. *Que signifie ce terme de grammaire pour vous ? En quoi est-il lié à ce travail de la langue dont nous avons parlé au sujet de l'écriture des poèmes ? En quoi la grammaire participe-t-elle de l'ontologie ?*

G.S. : Je pense à la grammaire en tant que structure de l'expérience humaine, à la façon dont nous divisons l'expérience, dont nous l'identifions. Par exemple, une langue comme l'hébreu, qui ne connaît pas le passé simple, ni le verbe au futur comme nous l'entendons, a une conception de l'univers profondément et radicalement différente de la nôtre. Le fait que l'allemand – et je n'essaie pas de faire une boutade – puisse placer le verbe très loin à la fin de la phrase est l'une des clés de sa puissance métaphysique. L'allemand a la disponibilité du néologisme philosophique de tenir en suspend l'argument à l'intérieur d'un propos que le cartésianisme de la grammaire française n'a pas. Chaque syntaxe est aussi une relation de puissance politique. Celui qui disposait des armes de la rhétorique avec une grammaire hautement développée et sophistiquée avait jusqu'à récemment un avantage politique très net sur celui qui devait simplifier ses propos.

De ce point de vue, il faut porter attention au renversement passionnant qu'on observe aux États-Unis : c'est celui qui murmure, qui balbutie, qui parle mal, qui jouit de la réputation d'être un honnête homme. C'est le renversement de notre grande tradition rhétorique classique et européenne. Mal parler, ça veut dire : voilà quelqu'un qui dit la vérité... À l'inverse, trop bien parler, c'est le symptôme même de la malhonnêteté. C'est une chose importante, et qui pourrait avoir des conséquences allant loin au-delà du contexte l'actuel. Le président des États-Unis, en ce moment, n'est pas capable d'une phrase grammaticale d'un certain niveau de complication, et, pourtant, il commence à s'en enorgueillir. C'est aussi en partie son orgueil : pourquoi connaître la grammaire au Texas ?

Et pourquoi la connaître au lycée ? On retrouve ce snobisme ridicule chez les enfants, qui consiste à tirer fierté de la mauvaise performance orale comme écrite. L'école est un curieux lieu de langage. Il s'y mélange les langues officielle, privée, scolaire, des langues maternelles, des langues étrangères, de l'argot de lycéen, de l'argot de la Cité. À considérer toutes ces langues qui cohabitent, je me dis que l'école est peut-être le seul lieu où elles peuvent se retrouver dans leur diversité et dans leurs chevauchements. Mais il faut être très vigilants et tirer justement partie de cette belle hétérogénéité. Car le jour du baccalauréat on ne demande pas à toutes ces diversités, à toutes ces langues de s'exprimer ; ce jour-là, on sanctionne l'élève s'il ne s'exprime pas dans notre bon français cartésien. C'est peut-être une bêtise, mais on blufferait complètement les élèves, on serait malhonnête avec eux, si on leur faisait croire qu'ils peuvent s'exprimer en rap dans le cadre scolaire. D'où ma colère parfois quand je vois certains collègues faire étudier la versification à travers le rap. Le rap, c'est très bien, mais ce sont les élèves qui sont le plus à même d'en parler. Comment puis-je, moi, leur faire découvrir la structure poétique d'une œuvre à partir du rap ? Il n'est pas question d'évoquer cela avec eux. Percevez-vous un danger dans ces partis pris pédagogiques ?

Je n'ai pas la compétence pour répondre à une telle question… Il y a en moi, devant tout ça, en un certain sens, un snobisme. J'avoue, *confiteor*, il y a un snobisme devant le hurlement presque bestial non seulement du rap, mais du *heavy metal*, de l'*acid rock*, qui sont la grande contre-attaque du bruit contre les privilèges du silence, contre les privilèges de la *cortesia*, de la courtoisie, qui étaient les privilèges d'une classe dominante et d'une certaine élite bourgeoise. Rien n'est devenu plus luxueux aujourd'hui que le silence : ça se paye au prix d'or. Dans l'appartement moderne, il n'y en a pas ; dans la rue, il n'y en a pas…

Pas plus qu'à l'intérieur d'une classe…

Ah ! pouvoir être silencieux… On dit que, maintenant, près de 80 % des adolescents n'arrivent pas à lire un texte en silence, sans avoir l'arrière-fond électronique de la radio, de la télévision, etc. C'est une chose effarante, car le cerveau ne peut pas absorber le stimulus simultané du bruit et du sens. Ce bruit, c'est un cri de guerre. Il faut faire très attention. La symbolique d'un grand concert de rock, d'une *rave* – *rave* veut dire folie en anglais –, le déchaînement de l'hystérie du bruit, c'est la contre-attaque contre les privilèges que nous avons eus et qui ont exclu des centaines de millions d'êtres humains…

On peut dire que le son est la grande contre-attaque. C'est très intéressant, parce que cela abasourdit certaines possibilités de communication humaine, mais cela donne, je crois, le sens d'une communauté dynamique, où l'identité est devenue collective. J'imagine que les cérémonies qui ont accompagné la naissance de la tragédie antique étaient peut-être par certains côtés plus proches d'une *rave* ou d'une *rock night* que du théâtre de Versailles de Racine. C'est très possible.

En ce qui concerne la musique, justement, j'ai essayé d'anéantir par son truchement toutes les banalités que j'avais pu dire sur les mots avec des mots, en faisant écouter ce silence indispensable, et là j'ai échoué lamentablement. Les élèves acceptent à la rigueur que je leur parle de poésie, parce que ça, c'est ma chose, la chose du « prof ». En revanche, la musique leur appartient : c'est un domaine entièrement conquis par eux, et il est hors de question que j'empiète sur leurs plates-bandes. J'ai connu deux échecs cuisants en leur faisant écouter de la musique classique, et ça s'est très mal passé : une émeute dans la classe. Je n'ai pas réussi, mais peut-être l'an prochain…

Peut-on dire que le rôle de l'école aujourd'hui, dans cette question de la langue, c'est justement d'essayer d'amoindrir la coupure de plus en plus nette – on en trouve la description dans Réelles présences – *entre l'aspect purement communicationnel de la langue, et la valeur gratuite, littéraire, poétique qu'elle peut recouvrer ? Pensez-vous que le cours de lettres a pour mission d'instrumentaliser la langue à des fins pragmatiques ou qu'au contraire il doit insister sur la gratuité du langage venant construire l'œuvre d'art dont la seule intention est d'émouvoir ?*

Vous posez là une question capitale et très difficile. La révolution dite de Gutenberg n'en était pas une. Elle a accéléré l'écriture du manuscrit, ce qui est parfait. La révolution électronique actuelle est mille fois plus puissante, plus fondamentale. Elle remet tout en question parce que les grandes banques de mémoire de l'ordinateur peuvent contenir des connaissances infiniment plus détaillées, plus développées que celles de notre cerveau. Aucun d'entre nous n'a une mémoire pouvant rivaliser avec celle des grands ordinateurs. Aucun d'entre nous n'a une vitesse de communication qui puisse entrer en concurrence avec l'instantanéité des nanosecondes de la machine. Il y a maintenant des quasi-sensibilités, des métas. Ce sont des mots prétentieux, mais on ne dispose pas encore du vocabulaire nécessaire. Il y a eu un tournant – je n'oublie pas votre question – dans la cinquième partie d'échecs entre le champion du monde Kasparov et la machine IBM. La machine a fait un coup et Kasparov – quand nous avons pu avoir accès à la publication de ses notes privées – a dit : « Elle ne calcule plus, elle pense. » C'est pour moi un des tournants de l'histoire humaine. Je ne dramatise pas. Le grand physicien va répondre : « Ce pauvre M. Kasparov confond les mots parce que personne ne sait comment distinguer le calcul de la pensée. »

C'est déjà un problème philosophique formidable : où s'arrête le calcul et où commence la pensée ? La machine a gagné avec un coup que Kasparov n'avait pas pu prévoir ni sonder, dont il n'avait pas pu voir la profondeur. Ça va s'accélérant, d'où, exponentiellement, le fait que nous sommes devant un monde tout à fait nouveau où les machines vont discourir entre elles. C'est déjà le cas maintenant. L'année prochaine, le vrai championnat du monde se fera entre les ordinateurs d'échecs, pas entre les humains. Ils vont jouer à un niveau plus fort que tout niveau humain. D'un autre côté, la spontanéité de la vie humaine cherche à s'exprimer avec des moyens très archaïques et, au fond, très lents, très inexacts.

Nous pataugeons dans les paroles. Elles ne sont pas assez précises. On se répète. Ce sont des métaphores déjà vieilles, érodées, mais c'est ce qui définit notre humanité. Le grec ancien appelle l'homme « l'animal qui parle », pas « l'animal qui bâtit », « qui calcule » ou « qui fait la guerre ». C'est « l'animal qui parle », avec tous les désavantages que cela peut comporter. Souvent on se dit qu'on ferait mieux de se taire. C'est après tout ce qu'a dit Wittgenstein – et d'autres – dans toute sa philosophie. Mais on n'a pas le choix : parler, c'est respirer, c'est le souffle de l'âme. La parole est l'oxygène de notre être. Dans votre lycée, vous luttez contre son appauvrissement. Chaque cliché est la mort d'une possibilité vitale, chaque belle métaphore ouvre littéralement des portes sur l'être. Alors, c'est la bataille la plus importante, mais il n'est pas du tout évident qu'on va la gagner.

Est-ce que cette lutte passe par un ressourcement dans la littérature humaniste, même si la thèse du Château de Barbe-bleue *est volontiers aporétique et que vous malmenez votre lecteur en le confrontant au paradoxe inadmissible de la culture et de la barbarie ?*

Je voudrais pouvoir vous dire oui, mais je n'ose pas. J'ai essayé de montrer dans tous mes travaux la terrible faillite de la culture humaniste devant l'horreur de notre siècle. Non seulement elle n'a pas empêché la barbarie, mais elle l'a souvent aidée. Comment faire lorsque Sartre, peu avant sa mort, et ce n'était pas un homme qui aimait les rivaux, a dit : « Un seul de nous restera : Céline. » Alors, comment faire ? Où recommence-t-on ? Entre les valeurs morales humaines, les valeurs de compassion et de liberté, et le génie de la parole, il y a quelque chose, comme dirait Nietzsche, au-delà du Bien et du Mal. C'est terrifiant cette transcendance de toute éthique dans le génie poétique. Le grand maître de la parole peut être infernal, démoniaque, un fasciste, un raciste, etc. Il faut faire très attention parce que la grande éloquence, le *pathos* ont une puissance formidable. Par certains côtés, le texte qui sort de la machine, pour inhumain qu'il soit, n'a pas cette puissance. Il ne pourra pas dominer idéologiquement, mais je peux me tromper. Les psychologues autour de nous disent que la vraie horreur de l'abus sexuel des enfants a maintenant été décuplée par la machine, l'*e-mail* et le fax, qui peuvent atteindre l'enfant dans le secret même de son être. La machine pourra-t-elle détruire en nous certains grands espoirs ? Je ne le sais pas.

L'école ne devrait-elle pas être une école de lenteur ? Lenteur que l'on opposerait à l'absurde vitesse des temps modernes laquelle semble incompatible avec les rythmes de l'enfant et la nécessité pour lui de prendre son temps... d'en perdre aussi ?

De la patience, de l'hésitation, de la lenteur. Écoutez, c'est Pascal qui, comme toujours, a tout dit : « Si on arrive à être assis dans une chaise, silencieusement, seul dans une chambre, on a eu une très grande éducation. » Et c'est terriblement difficile.

Patience, simplicité, dénuement. Pour travailler avec mes élèves, j'ai besoin d'une table, d'un crayon et d'un livre. Je pense que les élèves ont perdu ce rapport indispensable à la simplicité, à l'étonnement simple – s'il est possible qu'il soit simple – devant un grand texte. Ce qu'il y a de désastreux – on parlait de la technique et de ce manque de gratuité dans l'acte d'apprendre –, c'est que nos élèves sont terriblement pragmatiques, et ils veulent constater des résultats tout de suite. Ils vont au lycée comme ils iraient faire leurs courses, et il est hors de question que je rentre dans cette logique avec eux. Il y avait, dans le désir de leur faire écrire de la poésie, cette pulsion, cette envie de la gratuité.

Cécile, écrivez sur le tableau la parole de Martin Heidegger : « Si vous voulez des réponses, faites des sciences. Si vous voulez des questions, lisez la poésie. » Ça aide beaucoup parce ça aussi, c'est une maxime de la patience.

De tels préceptes tranchent avec un certain discours techniciste à la mode, proposant l'informatisation maximale des classes, où les ordinateurs vont arriver sur les bureaux des élèves, où l'antique tableau noir pourra enfin disparaître. Je pense qu'on n'a jamais été aussi technique, on n'a jamais publié autant d'ouvrages de pédagogie, jamais multiplié à ce point les discours sur la pédagogie et la didactique, et on n'y a jamais vu aussi peu clair. Le ministère est un petit peu perdu, les professeurs d'IUFM également. On ne comprend pas trop ce qui se passe. J'ai également du mal.

Même si mes pratiques pédagogiques ne sont pas à la pointe de la technique et ne tiennent pas toujours compte du dernier encart dans les manuels scolaires, je suis soutenue par mon ministère. Quand des enseignants trouvent des « recettes de cuisine » qui fonctionnent, parce qu'apparemment ça marche, on nous laisse carte blanche. Mais je suis obligée d'ajouter à cette pratique un discours théorique sans failles, afin de montrer que tout cela n'est qu'un tremplin, l'occasion d'en venir au programme et à la fameuse copie du bac.

Les programmes stipulent qu'on a le droit de travailler sur Baudelaire et des auteurs que j'aime beaucoup. Dans ma pratique de l'enseignement, tout est vase communiquant. Mes élèves ont certainement bénéficié, à certains moments, de mes recherches dans le cadre du doctorat ou encore du fait que j'écrivais du théâtre et de la poésie. Je n'ai jamais voulu brader mes passions.

Je soupçonne qu'il y a des fautes de tact que vous ne pouvez pas vous permettre, alors criminalisons Goethe. Goethe a dit : « Celui qui sait faire fait. Celui qui ne sait pas faire enseigne. » Et j'ajoute : « Celui qui ne sait pas enseigner écrit des manuels de pédagogie. »

Quelle place assigneriez-vous à l'enseignant dans l'école aujourd'hui ? Cette école est radicalement différente de celle des années 70, avec la massification et l'ouverture à tous de l'enseignement. Quelle pourrait être, de nos jours, la fonction du professeur ?

Un certain martyre. Sans aucun doute, il y a des difficultés, des souffrances, des collapses. En Angleterre, il y a une grande vague de suicides chez les enseignants : ce n'est pas une blague. Mais c'était déjà le cas du chahut à mon époque et dans le grand roman de Louis Guilloux, *Le Sang noir*, le chahut qui tue. J'ai toujours dit à mes élèves : « On ne négocie pas ses passions. Les choses que je vais essayer de vous présenter, je les aime plus que tout au monde. Je ne peux pas les justifier. » Si je suis archéologue et que ce sont les pots de chambre chinois du VIIIe siècle qui constituent ma vie, je ne peux pas le justifier. La pire chose, c'est d'essayer une dialectique de l'excuse, de l'apologétique, ce que je reproche à tout l'enseignement actuel, et dont vous semblez être une très belle exception ; c'est l'apologétique d'avoir honte de ses passions. Si l'étudiant sent qu'on est un peu fou, qu'on est possedé par ce qu'on enseigne, c'est déjà le premier pas. Il ne sera pas d'accord, peut-être va-t-il se moquer, mais il écoutera. C'est ce moment miraculeux où le dialogue commence à s'établir avec une passion. Il ne faut jamais essayer de se justifier.

4.
Le professeur

Deux erreurs : 1. prendre tout littéralement ;
2. prendre tout spirituellement.
Pascal

C.L. : Dans la salle de classe, je ne sacrifie rien à ma passion, et c'est comme ça que je tiens les élèves. Je pense qu'au début de l'année ils me prennent pour une folle, mais tout cela les titille, et ils voient qu'il va peut-être se passer quelque chose de différent dans cette année scolaire. Ils me suivent, et c'est vrai que si je choisis de les faire écrire, c'est parce que j'écris aussi et que c'est sans doute la seule chose que je sais faire à peu près correctement. Le rôle du maître est peut-être celui d'un passeur qui devra néanmoins s'ouvrir à la diversité des cultures qui composent aujourd'hui une classe. Ce don de soi me paraît indispensable, car c'est dans le secondaire que tout semble se jouer.

Un jour vous m'avez écrit : « C'est dans le secondaire que se mènent les luttes décisives contre la barbarie et le vide. » Au collège et au lycée se cristallisent donc des choses primordiales pour vous ?

G.S. : Je suis persuadé qu'à l'université, par certains côtés, c'est déjà trop tard. La spécialisation, les hautes études, ce n'est pas de ça dont il nous faut parler. C'est l'enfant qui est la matière première de la culture, de la civilisation même. Le mot grec pour éducation, pour culture, c'est le mot pour enfant : *paideia, paidos*. Si on peut inculquer à l'enfant certains rêves, un certain refus de la vulgarité, de l'inhumain, de la déception énorme, alors on a une chance de gagner la bataille. C'est dans les premières années du secondaire que se joue le drame le plus complexe, qui est celui de faire croire à l'enfant qu'il y a des rêves, des transcendances éventuelles possibles. L'horreur de notre enseignement, de sa fausse réalité – un réalisme brutal et faux –, c'est d'amoindrir les rêves de l'enfant. Au lieu de faire plus que l'enfant ne comprend, il faut toujours aller un peu plus loin, il faut que l'enfant tende le bras et la main pour essayer de capter la balle, même si ça le dépasse. C'est alors que commence la grande joie, lorsqu'on se dit : « Je n'ai pas encore compris, mais je vais comprendre. Je n'ai pas encore rêvé, mais je vais rêver. Je n'ai pas encore joui de ça, mais je vais en jouir.»

En nivelant, en faisant une fausse démocratie de la médiocrité, on tue chez l'enfant la possibilité d'outrepasser ses limites sociales, domestiques, personnelles et même physiques. À l'université, c'est peut-être déjà trop tard. La bataille essentielle a été perdue. Pas toujours, car il y a bien sûr beaucoup d'êtres humains qui mûrissent lentement et tardivement, mais il y en a aussi qui sont éteints pour toujours à l'école. L'amertume, l'aigreur, la morosité du professeur médiocre est l'un des grands crimes dans notre société.

J'ai tout à fait conscience que mes élèves ne peuvent pas, à leur âge, maîtriser l'ensemble des enjeux philologiques et philosophiques des textes que je leur propose, mais ça n'a pas d'importance. Ce qui compte avant tout, c'est l'étonnement, l'espèce de transe qui nous prend quand on est mis en contact avec l'étrange et le merveilleux. C'est terriblement didactique tout ça. Ce n'est pas grave s'ils sont dépassés par le niveau des textes. On est tous dépassés par Dante, par Baudelaire. Ce qui compte, c'est de les marquer, de leur donner envie. Vous parlez du professeur blasé – c'est dramatique –, mais j'ai déjà des petits blasés de quinze ans qui ne s'étonnent de rien dans mes classes. Là réside la véritable tragédie pour moi. C'est donc important de les confronter à ce qui est très difficile pour appeler la passion.

Vous m'avez écrit : « Si l'on est mâle, adolescent, dans un contexte économique sans avenir, un Kalachnikov et la guerre sont les grandes portes sur l'identité et le respect de soi. Pour des centaines de millions, la vie vaut à peine d'être vécue. C'est là le crime profond. » À mon modeste niveau, la barbarie, la violence des élèves, c'est cet empêchement d'apprendre qu'ils s'infligent. A priori, *la poésie, ce n'est pas pour eux, la grande littérature n'est pas leur monde. Ils sont nés dans un ghetto linguistique. De toute façon, ils n'ont pas accès à tout ça. Où ont-ils été pêché cette superstition redoutable ? Je n'en sais rien. Parfois, quand je vois certains parents, je me dis que mes élèves ont beaucoup de mérite. Il y a vraiment un énorme travail à faire dans les classes. Il faut légitimer notre travail avec eux, car il y a une suspicion qui pèse sur le métier de l'enseignant, et c'est affreux. Beaucoup de parents d'élèves et d'élèves qui écoutent leurs parents voient en nous des privilégiés avares de leurs privilèges, dispensant un enseignement en total décalage avec le monde moderne. Ca me rend très triste.*

Là, nous avons énormément à apprendre des États-Unis, à qui l'on fait toujours, et avec justice, la critique d'une vulgarisation des études secondaires. Notez bien que l'école américaine dit à chaque enfant : « Tu vas dépasser tes parents. » Dès le premier jour, c'est le credo même de ce progressisme, de ce méliorisme – c'est le mot technique, politique. Tocqueville l'avait déjà vu. C'est la nation, c'est la philosophie qui dit : « Tu ne dois pas avoir honte de vouloir faire mieux que tes parents. » En Angleterre, nous souffrons encore d'un système de classe où les parents disent : « Non, tu ne vas pas me dépasser, car dans ce cas-là tu quittes la solidarité politique et idéologique de ta classe. » Ça, croyez-moi, c'est le vandalisme de l'âme.

Pour la France, je ne suis vraiment pas assez compétent, mais j'aimerais beaucoup connaître votre façon de voir ce problème. En quoi permet-on ici de quitter son milieu social, au sens de le transcender, de monter sur l'escalator de l'espoir ? Je ne sais pas.

La massification des publics n'a jamais débouché sur une démocratisation de l'école. Quand on voit que l'école reconduit et durcit les clivages sociaux avec des filières de relégation pour les uns, des filières d'excellence pour les autres, on s'aperçoit que ce système ouvert est en fait totalement fermé et qu'il ne parvient qu'à une chose, naturaliser des inégalités sociales en disant : « Toi tu es bon, tu as réussi tel concours, mais en fait ce n'est pas parce que tu es bon, c'est aussi parce que tu es issu d'un milieu où il est plus facile de faire des études, de comprendre ce qu'on attend de toi à l'école. » La question sociale reste l'un des défis de l'école d'aujourd'hui et aussi l'un de ses chantiers les plus difficiles. Enseignant en Seine-Saint-Denis, je sais comme tous mes collègues qu'un élève qui grandit dans un quartier défavorisé aura beaucoup de mal à s'en sortir. On a l'impression que le système est construit un peu contre lui. Quand je me penche sur les programmes déments que je dois enseigner à mes élèves de seconde, je repense à ma situation de lycéenne. J'étais au lycée il n'y a pas si longtemps que ça, et je n'ai pas souvenir que l'on ait placé la barre aussi haut. J'enseigne à mes élèves des notions qui étaient celles que je voyais lorsque je passais les concours. Observez la table des matières d'un manuel scolaire ! Ce n'est pas possible... Il y a un trop grand décalage entre ce type de grilles savantes et leurs capacités à s'exprimer et à formuler correctement leurs idées. Lorsque je pose des questions à mes élèves, ils me répondent par monosyllabes. Ils sont loin de pouvoir s'approprier l'arrogance formaliste de la doctrine. Quand je leur demande d'ingurgiter tout un appareil rhétorique, toutes ces figures de style, c'est effrayant. Il y a dans cet écart entre la réalité sociale et le contenu des programmes quelque chose de très incohérent. Écrire un livre, s'approprier physiquement la littérature peut rendre l'aventure scolaire un peu moins absurde, sans que l'on ait renoncé pour autant à l'excellence.

5.
Les maîtres

Tu es mon maître et mon auteur tu es ;
Tu es celui, seul, de qui j'ai pu prendre
Le noble style auquel je dois l'honneur.
Dante

C.L. : Quand on lit vos livres, quand vous évoquez dans Errata, Grammaires de la création *ou* Réelles présences, *ce qu'a pu être votre propre scolarité, on voit s'esquisser une image de l'école, peut-être pas de l'école idéale, mais en tout cas de ce que l'école devrait être et devrait faire. Il y a un certain nombre de piliers dans cette école telle qu'elle devrait être et telle qu'elle devrait fonctionner : une très grande place accordée aux classiques et à l'apprentissage par cœur, une manière presque physique d'ingérer une culture pour mieux la vivre et, au centre de l'édifice, comme clef de voûte, la figure du maître. Entrons dans cette école telle que vous la décrivez, en posant la question des classiques transmis à travers les générations. Je me souviens de votre attention à cette page de Péguy, dans* Passions impunies, *où l'auteur français faisait l'éloge des classiques qui tiraient leur existence du regard du lecteur. Vous insistiez sur l'effrayante responsabilité de ce dernier, avant de nous apprendre que le classique nous lisait plus que nous ne le lisions. Quelle est selon vous la définition de ce qu'on peut appeler aujourd'hui un classique pour l'école ?*

G.S. : Tout d'abord, lorsque vous dites « transmis à travers les générations », vous soulevez un point capital. Il n'est pas si facile de comprendre comment s'opère la transmission et pourquoi des textes millénaires n'ont rien perdu, pour certains, de leur provocation et de leur vitalité, de leur puissance de choc. Mais le classique peut aussi naître aujourd'hui. Que veut dire classique ? Cela signifie un texte strictement inépuisable. On le relit, on le redit, on le réinterprète, et, tout à coup, il est presque toujours nouveau. Et cela dans un sens pas du tout métaphorique. Ce n'est pas simulé, c'est une expérience quasi physiologique, le choc du déjà-vu qui est tout à fait nouveau. Comme vous le savez, en psychologie on ne s'explique pas le déjà-vu, mais c'est une très bonne image. On reprend un grand moment de Dante, d'Homère, de Shakespeare, de Racine, et on se dit : « Mais oui, je connais ça par cœur », et je ne connais pas du tout ; je n'avais pas compris. Cette puissance de renouveau est une des définitions du classique. Et aussi ce qui survit à la bêtise de l'interprétation, à la mauvaise traduction, à la stupidité des manuels et des examens. De nouveau, il ne faut pas dire ça sans être étonné, profondément. *Hamlet*, *Macbeth* ou *Lear* joués devant des sourds-muets quelque part dans un hôpital en Chine, ça marche. Ça marche formidablement. *En attendant Godot* existe maintenant en plus de cent langues, et ça marche de façon époustouflante. Il y a un mystère de vitalité, de rébellion contre la mauvaise version. Un classique survit à toutes les bêtises. Ça survit à la déconstruction, au post-structuralisme, au féminisme, au postmodernisme, et comme les grands chiens, ça va se secouer, s'ébrouer ; puis ça aura son petit sourire démoniaque, en disant : « Ces choses-là sont mortes. Moi je vis. » Il y a donc une puissance de survie.

Quelle image vous faites-vous du maître ? Vous savez que je vous considère comme tel, mais avant toute chose, en avez-vous croisé vous-même ?

J'ai eu une chance folle, j'ai eu de très grands maîtres. Il y avait à cela des circonstances à la fois tragiques et comiques. De très grands penseurs français, scientifiques, philosophes, gagnaient très péniblement de quoi vivre dans le New York de 1940-1942. Les Maritain, les Gilson, les Lévi-Strauss, etc., enseignaient parfois à des gamins comme nous du lycée français de New York. Dès le début, j'ai vu ce qu'était un maître. C'est tout simplement quelqu'un qui a une aura quasi physique. La passion qui se dégage de lui est presque tangible. On se dit : « Je ne vais jamais l'égaler, mais j'aimerais bien qu'un jour il me prenne au sérieux. » Ce n'est pas tout à fait la concurrence de l'ambition. C'est quelque chose qui ressemble à l'amour, à l'*éros*. Je dis toujours : « Les vraiment grands, on n'en est pas. » Je suis entouré à Princeton et à Cambridge des vraiment grands, des Nobel. Moi, j'ai mon petit Nobel, accordé par Gershom Scholem, le grand maître de la Kabbale, de la pensée historique juive, l'ami de Walter Benjamin, celui auquel Borges consacre la plus belle rime du monde « Golem, Scholem », ce qui est déjà un titre d'immortalité. Je viens de recevoir le troisième tome de sa correspondance générale, et il écrit à un collègue : « Steiner n'est pas trop bête. »

Ça, c'est mon Nobel, car quand Scholem dit que vous n'êtes pas trop bête, pour moi, c'est assez pour une vie. C'est ce que j'entends par « maître », celui dont même l'ironie vous donne une impression d'amour. C'est peut-être la seule définition que je peux vous offrir.

Je me souviendrai à jamais de cette volée de bois vert (ou leçon de poésie) que vous m'avez infligée après la lecture de la pièce que j'avais écrite pour vous. L'ironie était au rendez-vous. Vous aviez suscité l'erreur, elle était grossière, les mentions ont plu : « nougat rutilant », « incantations hystériques », « pastiche », « lourde machine claudélienne néocatholique », « antique christologique à la Simone Weil ». J'ai eu envie de disparaître sous terre ! Mais j'avais échangé avec un maître. Je n'en ai pas eu dans le secondaire. Je n'ai pas eu de choc devant une grande pensée. En revanche, durant mes études à la Sorbonne, deux personnes m'ont beaucoup marquée : un jeune professeur qui a mis en plein jour mon goût pour la littérature fin de siècle, même s'il s'en défend encore aujourd'hui, et mon directeur de recherches, Jean de Palacio, spécialiste de la littérature décadente. Ce qu'il y a de très curieux avec mon premier maître, c'est qu'il ne se considère pas comme tel. Ce type de terminologie ne fait que l'accabler. Il est évident que quelque chose d'autre a joué à l'époque : une aura invisible, une espèce de tristesse qu'il m'a permis de sentir, un je ne sais quoi qui vous lie à jamais. Quant à Jean de Palacio, ce qu'il y avait de merveilleux avec lui, c'est que son séminaire en Sorbonne était un véritable miracle d'intelligence philologique. Jamais il n'était question de lire la glose, les textes sur les textes, mais les textes eux-mêmes. Il y avait un petit cénacle autour de lui, où le mot courtoisie prenait tout son sens. On était ses hôtes, on avait été choisis. Il cultivait vraiment ce côté très fin de siècle d'une littérature élitiste destinée à un petit public. On avait donc un peu l'impression d'avoir été élu par lui, et c'était délicieux. On était émerveillés par le dandysme du personnage, par sa façon si singulière d'incarner les textes. Il nous faisait entrer en littérature avec une passion inouïe et son intransigeance – il nous terrifiait – n'avait d'égal que l'admiration que lui portaient ses étudiants.

Je retrouve chez vous ce côté très sensuel de l'intelligence. Je sais, parce vous me l'avez dit, que les grands textes que vous lisez et relisez ont des conséquences presque physiques sur vous. Il n'y a qu'à vous voir parler, vous entendre pour s'en persuader

Ça peut être l'expérience d'un moment. C'est ce qui est étrange. Le choc qui change une vie peut être une remarque presque au hasard. Un jour, pendant un débat, j'avais en face de moi un politicien anglais très intelligent, et à la fin, bêtement exaspéré, j'ai dit : « Mais pourquoi est-ce que les belles choses, les grandes choses atteignent si peu de gens ? » Il m'a répondu : « Mais quelle bêtise votre question ! Vous appartenez à ceux qui lisent un livre un crayon à la main parce qu'ils sont persuadés qu'ils peuvent en écrire un meilleur. » Et tout à coup, un monde entier a changé pour moi. J'étais très jeune, et je me suis dit : « Tiens, ça doit être ça. » Ça peut être une remarque, ça peut être une boutade. Le poète des poètes dit : « Qu'est-ce qu'un grand poème ? C'est serrer la main du lecteur. » Ça peut être cet échange du mystère de la confiance entre un aîné et un jeune. Et ce qui m'effraie un peu dans le moment actuel, c'est que, pour être très sérieux, l'arrière-fond de cette relation a longtemps été, par un certain côté, théologique. C'est une autorité transcendante, religieuse, dont la relation au maître est une forme séculière. Si cela disparaît complètement – car c'est en voie de disparition –, il est très possible que cette forme-là, qui est l'*éros* de l'âme, qui est un peu la musique de l'âme, disparaisse aussi.

Je reconnais la belle métaphore platonicienne célébrée par Diotime dans le Banquet. *Les deux moitiés androgynes, les deux âmes, et non les deux corps, se retrouvent et se reconnaissent avant de fusionner en une très belle « érotique de la pensée ». C'est ce que vous avez écrit dans la préface de* Murmures. *Ayant fusionnés, ces âmes contemplent le Beau en soi. On est dans une conception mystique, voire théologique de la transmission. C'est impressionnant. Un peu effrayant...*

Le modèle a toujours été celui d'une révélation ou celui d'un homme qui est prêt à sacrifier sa vie pour une valeur intellectuelle, morale, abstraite, dont les disciples connaissent la mort. C'est Socrate et le Christ qui sont l'archétype de la maîtrise. Ces valeurs deviennent de plus en plus rares. Aussi faudrait-il se demander si, dans les disciplines scientifiques, il y a aussi cette relation ou si elle est bien différente. Autre question – ne vous fâchez pas : est-ce que la femme peut être un maître ? Je n'en suis pas du tout certain. J'ai connu Hannah Arendt, je n'ai jamais connu Simone Weil. Elles n'ont pas eu de disciples. Il n'y a jamais eu de grands élèves. Quel est le problème ? Je n'ai pas la réponse. Je ne peux qu'émettre quelques hypothèses. Est-ce que la femme est suprêmement maître pour son enfant et moins pour ceux qui ne le sont pas ? C'est peut-être une hypothèse tout à fait bête et banale, mais à mesure que notre culture devient plus féminine, ce qui a bien sûr des aspects infiniment positifs, peut-être y aura-t-il aussi la perte d'une certaine relation qui remonte aux premières écoles de Pythagore dans la Sicile du Ier millénaire avant notre ère.

C'est également une question que je me suis posée sans cesse. Je n'ai pas de réponse, et je ne suis même pas en colère après ce que je viens d'entendre. Je suis même plutôt d'accord : c'est presque statistique. La philosophie mise au féminin, les grandes plumes féminines sont si rares que lorsqu'elles s'imposent comme telles, on les considère comme des anomalies, des météorites annonciatrices de désastres. C'est très curieux, et il se peut que l'argument ne soit pas exclusivement culturel. La recherche que je viens de terminer portait justement sur le mythe de l'androgyne et l'écriture qui peut, elle aussi, parfois être androgyne. *Il est troublant de constater que la femme qui crée adopte par son dandysme une posture éminemment viril, et que l'homme de génie, très souvent, participe du féminin. Beaucoup d'artistes ont souligné la nécessité de cette ambivalence. Ce problème de l'écriture et de son sexe est fascinant, mais ce qui reste indéniable, c'est que la femme n'est pas au-devant de la scène lorsqu'il est question de créer. Peut-être tout simplement – c'est une évidence, mais les poncifs ont leur intérêt – parce que la femme enfante et que l'enfantement est son grand œuvre. Ça m'ennuie beaucoup de penser cela, ça me désespère aussi, mais c'est vrai : j'ai fait l'expérience de cette aporie... Je n'ai donc pas de réponse. Je pense qu'il n'est d'ailleurs pas possible de répondre à cette question. Je citerai juste Virginia Woolf qui écrit : « Les femmes accéderont au génie quand elles oublieront leur sexe. » Et la jeune peintre Marie Bashkirtseff qui écrit dans son journal : « Je n'ai de la femme que l'enveloppe, et cette enveloppe est diablement féminine ; quant au reste, il est diablement autre chose*[55]. »

---

55. *Apud* Geneviève FRAISSE, *La Controverse des sexes*, Paris. PUF, coll. « Quadrige », 2001, p. 119.

6.
Les classiques

Le classicisme est l'art de la révolution.
Mandelstam

C.L. : Vous avez parlé des classiques, de la place qu'il faut leur accorder à l'école. Vous savez que le grand maître à penser de la sociologie de l'école aujourd'hui encore, c'est Pierre Bourdieu, d'après lequel tout ce qu'on nommait culture universelle était en fait le fruit de la reproduction sociale, la photographie d'un certain milieu. Ce n'est pas tant l'universalité de la culture qui est en jeu que l'universalité de la bibliothèque de ses parents. Dans Réelles présences, *vous écrivez : « La politique du goût est par essence oligarchique. » Est-ce que la démocratisation des pratiques culturelles à l'école est utopique ? Faut-il renoncer avec la sociologie et trouver son compte dans la culture désenchantée, mieux adaptée au monde des élèves, plus respectueuse de ce qu'ils sont ?*

G.S. : Il y a eu, vous le savez, des siècles que l'on appelle en anglais les *dark ages*, les « siècles sombres » : le Vᵉ, le VIᵉ, le VIIᵉ siècle, où toute la culture dépendait de certains foyers très petits, de certains monastères. Si le monastère de Saint-Gal avait été brûlé – les Lombards sont passés tout à côté –, je crois que les trois quarts de nos grands textes classiques n'existeraient pas. Dans le *scriptorium* d'un seul grand monastère, les textes ont survécu. Il est parfaitement concevable que, dans le monde qui vient, il y aura de nouveau des petites maisons de lecture. C'est le grand rabbin Akiba, après la chute du Temple et la destruction par les Romains, qui trouve refuge dans une petite ville avec quelques disciples, et c'est de là que va surgir le Talmud et deux mille ans de commentaires et de pensée. On était donc vraiment très près de la destruction totale.

Il faut malheureusement se préparer à être d'accord avec Valéry sur le fait que les civilisations peuvent mourir. C'est terrible de se le dire, mais je crois que c'est indéniable. Je ne crois pas qu'une sorte de sociologie communautaire puisse remplacer la civilisation, mais, à nouveau, il nous faut faire une distinction entre sciences et lettres. En sciences, la collaboration, l'effort collectif, se dire « si je ne découvre pas l'explication cette semaine, un autre la découvrira la semaine prochaine », ça se défend parfaitement. Vous savez qu'aujourd'hui même les textes scientifiques les plus exaltés ont trente ou quarante signatures. L'œuvre d'art, le texte, la composition musicale restent l'anarchie de l'individualisme et sont imprévisibles. On peut se tromper totalement pendant de longues années sur les valeurs qu'on dit acquises – en fait, elles ne le sont jamais. Un Joyce, un Proust, les géants n'appartiennent pas à une structure collective, même si, bien sûr, ils appartiennent à une société, à un contexte économique – Marx nous l'a bien appris. Même si le poème lyrique le plus ésotérique, le plus byzantin peut aussi être rattaché à une phénoménologie sociale, économique, matérielle, il ne s'agit pourtant pas du même domaine que ce qui se laisse comprendre en termes sociologiques. Après tout, la question du goût, du jugement… Je vais faire une conférence à des élèves et leur dire : « En l'an 2050, Rosa Bonheur sera plus cotée que Van Gogh. » Elle était certes au sommet de l'art à son époque. Et la boutade, c'est qu'on peut faire une conférence parfaitement rationnelle en montrant la redécouverte des vaches de Rosa Bonheur et en disant que ses contemporains ne se sont pas trompés, qu'ils avaient tout à fait raison, mais que c'est nous qui nous sommes trompés depuis. Je donne cet exemple de l'imprévisibilité de tout jugement esthétique, de tout mouvement de goût.

Qu'il y ait une sociologie du goût, sans aucun doute ; qu'il y ait peut-être une économie politique des valeurs dites pures, c'est possible, mais pas du point de vue du créateur. Quand il avait six ans, le petit génie Paul Klee, le grand peintre suisse allemand, avait un professeur qui lui a demandé ainsi qu'aux autres élèves de dessiner un aqueduc. Corvée totale pour les pauvres petits ! À six ans ! Paul Klee le dessine et met des chaussures à tous les piliers. Tout d'abord, on ne peut pas l'expliquer. On ne peut pas concevoir quelle est la synapse de génie qui rend une telle idée possible à six ans. Deuxièmement – et c'est votre question –, il y a eu cette chance énorme d'un professeur merveilleux qui n'a ni découragé l'enfant ni déchiré la feuille en disant : « Mais tu vas dessiner l'aqueduc correctement, mon petit ! » Et tout de suite le professeur a fait savoir à ses parents: «Attention, il y a là quelque chose d'énorme qui pourrait se passer.» M'effraie l'autre situation: celle où le professeur, par cécité morale, par cécité esthétique et jalousie inconsciente, va écraser l'enfant qui sait faire une telle chose, et qui pourrait détruire pour toujours, dans une structure sociale d'égalitarisme, la possibilité du miracle qui est celle de la grande œuvre.

Des gageures comme celles que les élèves ont vécues avec vous continueront-elles à les placer dans une perspective miraculeuse face à la dureté de ces contraintes sociales qui paralysent l'école, ou encore face à une tendance générale qui consiste à aligner le singulier sur le commun?

Toujours. Si je ne le croyais pas, il faudrait se pendre, parce que, sinon, que nous resterait-il? Il y a eu dans les dernières années de très grands artistes, de très grands moments. Je crois que nous sommes dans une des périodes de musique les plus riches depuis très longtemps. Très certainement aussi, dans le monde anglo-saxon, existent de très grands poètes. Et il faudrait vraiment parler des sciences: c'est l'aube, c'est l'univers qui change tous les lundis matins, pour ainsi dire. Le petit cerveau humain de cet animal sadique que nous sommes est à portée de trois questions : l'origine de la vie, l'origine de l'univers et ce qu'un géant comme Watson présentait comme la plus difficile de toutes, « la chimie du moi », de la conscience individuelle, les sucres de carbone qui constituent votre être et le mien. Il paraît que les horizons se dessinent. C'est le vertige total. Ce sont les Graal de l'homme qui se profilent à l'horizon. Tous les matins, on avance un peu. Il faudrait donc inclure ces données dans nos questions sur la scolarité, sur la culture, sur la poétique de l'homme, la *poiêsis*, la puissance de créer. Toutes les périodes ne sont pas excellentes dans toutes les disciplines. À Florence, durant le Quattrocento, j'aurais voulu prendre mon petit-déjeuner avec les peintres. Maintenant, je le prends avec les grands neurophysiologues et les grands généticiens, pour lesquels le soleil se lève. Ils sont au début. On est au bout de l'univers pour ainsi dire : on pose des questions que jamais on n'aurait pu concevoir il y a encore vingt ans. Il faut inclure ces nouvelles recherches dans notre notion de culture et de sociologie de la perception.

À l'essentiel mais humble niveau qui est le mien, celui de l'apprentissage, de l'initiation, j'essaie avec beaucoup de précautions d'inclure cette donnée : celle de la puissance de créer. On construit une sociologie de la perception ensemble, je suis à l'écoute, en attente du miracle. Mais je me méfie du terme de « miracle », un miracle qui pourrait surgir dans le cadre d'un enseignement, un miracle qui pourrait faire sortir un élève de lui-même, ça donne quoi ? Je collectionne quelques miracles, mais très peu. Quand j'enseignais à Drancy, justement, j'ai eu une élève, Aurélie, qui ne comprenait rien à rien. Il était impossible de la noter correctement. Ce qu'elle me rendait était d'une médiocrité renversante. En revanche, elle a produit un poème absolument extraordinaire. Elle a vécu longtemps à Berlin. On travaillait sur un recueil axé autour du thème de la frontière, et elle avait vécu juste à côté du Mur. Elle n'était pas du genre à raconter des histoires, et elle avait vu quelqu'un se faire descendre quand elle était toute petite. Son poème était un trait de lumière, avec le sens au bout. Tout se construisait autour de ce souvenir vu puis mis en mots, et la parole suivait. De ce poème sortait quelque chose de complètement incandescent, de fulgurant, quelque chose qui dans la concision et l'énergie dépassait toutes les copies argumentées que j'ai pu corriger pendant l'année. Mais je ne pouvais pas noter le poème. Je ne peux pas évaluer ces poèmes. C'est une propédeutique destinée à les conduire ailleurs, déclencher les envies. C'est vrai que j'ai beaucoup de mal parce que nous vivons aujourd'hui dans le monde des sciences. Ce qui fait rêver, ce sont les ordinateurs, les mathématiques, et mes élèves sont imbibés de cette culture-là. Chaque fois que les sciences avancent, les mots reculent un peu plus. C'est terrible, c'est un combat à mener sans défaillance.

Le mot est de moins en moins puissant devant les développements de la pensée scientifique, pour la raison tragique que les sciences, depuis Galilée, parlent mathématique. Ce sont ses propres paroles : « La nature parle algèbre. » À son époque et jusqu'à Leibniz, ou peut-être même jusqu'à Auguste Comte, ça allait encore. Quelques très rares écrivains de génie, comme l'était M. Jacob en France, arrivent encore à atteindre un public lettré avec une pensée scientifique rigoureuse et novatrice. Mais de nos jours, il y en a de moins en moins. Sans maths, ça ne va plus. Et les mathématiques deviennent de plus en plus difficiles.

Même à l'intérieur des sciences, surgissent maintenant des inquiétudes devant la spécialisation nécessaire. On ne voit plus le tronc de l'arbre. Il y a des milliers de branches très complexes, très riches, et le problème de leur intercommunication devient de plus en plus angoissant pour les sciences. Mais les arguments politiques, juridiques et éthiques fondamentaux sur le *cloning*, sur la nouvelle biogénétique, sur le choix de certains phénotypes humains contre d'autres, sur la création de la vie *in vitro*, nous pouvons à peine y participer, nous les profanes. C'est ça le drame. Les scientifiques ont trop à faire. On peut vraiment constater un certain égoïsme scientifique qui dit : « Écoutez, je regrette, mais j'ai tant à faire que je ne vais pas perdre mon temps à essayer de vous expliquer ce qui constitue pour nous des banalités élémentaires. »

La science manque de responsabilité pédagogique envers le grand public ; envers le public éduqué ; c'est un autre drame de notre situation intellectuelle. Mais voyez la scène, lorsqu'on a eu la solution à Cambridge, il y a maintenant un an et demi, du célèbre théorème de Fermat. Dans l'Institut des hautes mathématiques, il y a de la place pour quatre-vingts personnes. C'est une toute petite salle. Plus de mille personnes attendaient dans la rue…

Je vous rappelle le grand souvenir qu'on trouve dans l'autobiographie de Cellini, le jour où son *Persée* a été finalement coulé dans le bronze : trois mille personnes attendaient dans les rues de Florence pour voir si ça allait craquer. C'était la même chose à Cambridge. L'excitation était physique. Nous étions fous d'excitation : après deux cent soixante-dix ans, un homme avec un crayon et un peu de papier, sans machine – sept ans de pensée ininterrompue, sept ans de concentration – a trouvé la solution. Mes collègues sont revenus le soir. Ils ne sont pas comme nous, ils ne sont pas comme les humanistes, ils sont gentils et généreux très souvent. Ils sont vraiment très à l'aise dans leur peau. Et ils m'ont dit : « Vois-tu, Steiner, il y avait quatre approches à la solution, et il a choisi de loin la plus belle. » Je leur ai demandé : « Est-ce que vous pouvez m'aider, parce qu'il y a ce grand vers de Keats : "La vérité est la beauté et la beauté est la vérité." » Ils m'ont répondu : « Non, parce que pour nous le mot beau n'est pas du tout une analogie ; ce n'est pas une métaphore. Il a un sens concret, très précis en mathématiques. Il te faudrait quinze ans de préparation en fonctions elliptiques avant que ce mot beau ait pour toi un sens. » C'était un des moments les plus tristes de ma vie. Et je cherche une école, je cherche un système d'éducation, je cherche une sociologie de l'exemplaire qui puisse commencer à bâtir des ponts entre les disciplines.

Je partage cette idée. Nous aussi, nous avons essayé, à notre petit niveau. Vous évoquiez à l'instant la question du clonage, de la génétique. J'ai expliqué à mes élèves qu'on n'écrivait pas un livre quand on n'avait rien à dire, et qu'il fallait être un petit peu responsable et parler en fonction de son temps. On a écrit cette année une tragédie pragoise ; l'action se passe à Prague, à la fin du XIX*e* *siècle. J'ai demandé aux adolescents de camper une métaphore extrêmement moderne dans leur texte, une métaphore qui est celle de la génétique. On écrivait une tragédie. Il était question de choisir un thème qui pouvait nous faire réfléchir sur ce qui, aujourd'hui, est en passe de changer fondamentalement notre rapport à la vie, à la mort, à l'existence, à ce problème de la limite qu'il ne faut pas dépasser. L'idée est antique, il s'agit de l'*hubris *des Grecs. Ce fut très difficile pour eux, dans ce contexte* *très kitsch, de se voir imposer une métaphore éminemment contemporaine : celle de la génétique. Le nœud tragique s'articule autour de la haine fratricide de deux jumeaux séparés à la naissance. Ils sont les fils adultérins de Mendel, l'inventeur de la génétique justement. Les enfants de la faute. On reconnaît l'image d'une sphère coupée en deux qui se recompose à la fin du drame dans la mort. Le carcan antique devait accueillir les images les plus modernes que nous offrait la science. L'idée d'une responsabilité de celui qui écrit par rapport à son temps nous a tourmentés et longuement retenus cette année.*

On voit bien les jeux de continuité et de rapprochement qu'il peut y avoir entre un enseignement comme celui des lettres ou du français et un enseignement ou une pratique comme la pratique scientifique. Or il est question dans votre œuvre d'autres contiguïtés, George Steiner : de contiguïtés linguistiques, identitaires, territoriales.

En lisant vos livres et les passages consacrés à la question de l'enseignement, je pensais à Edward Said, ce grand intellectuel d'origine palestinienne, qui dans son dernier livre, Culture et impérialisme, *procède à une lecture politique des cours de littérature et démontre que ce qu'on y enseigne, quel que soit le pays, reste une culture nationale, une culture fondée sur la lecture des classiques de la nation. C'est donc un enseignement de la claustration empêchant l'ouverture à la diversité culturelle. Aussi, quelle place l'enseignement des lettres doit-il faire à cette diversité culturellc aujourd'hui ?*

Je crois que M. Said est dans une situation tragique très particulière. Exilé palestinien, professeur de littérature comparée aux États-Unis, maintenant *non grata* là-bas et en Palestine, il a réussi cette gageure tout à fait difficile de faire de lui-même un juif errant. Je le félicite toujours, c'est un club dans lequel il est difficile d'entrer, et lui, il a réussi. C'est le juif errant le plus errant qui soit. J'ai du respect, de l'amitié et une grande estime pour lui. Mais je crois que la situation est autre. J'ai commencé mes travaux en littérature comparée avec un premier livre sur Tolstoï et Dostoïevski. Si on essaye toute sa vie de comprendre un peu les grandes littératures russes, les littératures de l'Europe de l'Est, de la Scandinavie, on n'est pas fermé. Au contraire, le danger, c'est une salade de fruits, une macédoine, un méli-mélo avec un tout petit peu de ça, un petit peu de piment africain, sans qu'on possède les langues, sans qu'on ait l'entraînement pour comprendre de quoi il s'agit. Comment trouver un juste milieu ? Il est évident qu'une éducation monoglotte, chauvine, « Nos ancêtres les Gaulois... », n'est plus possible parce que dans une classe vous avez beaucoup trop de variété, de richesse post-babelienne humaine.

Autre tentation, la *lingua franca* planétaire, l'anglo-américain. Il ne faut jamais oublier que l'ordinateur parle anglais. L'ordinateur est fondé sur la logique de Boole, qui est une logique victorienne anglaise, et sur les travaux de Turing et de Shannon. Donc, l'ordinateur le plus français qui soit parle anglo-américain. C'est une logique tout à fait particulière. Si l'ordinateur avait été inventé à Pondichéry, il parlerait très différemment – le Pondichéry d'où vient peut-être notre zéro et le début de notre algèbre : c'est pour ça que j'ai choisi cet exemple. Étant donné ce danger, entre Charybde et Scylla, d'un faux universalisme et d'un chauvinisme aveugle, il est très difficile de trouver un juste milieu.

Toute ma vie, j'ai dit qu'on devrait depuis la première enfance enseigner une autre langue. Depuis la toute première enfance, l'enfant devrait avoir deux langues, ce qui rend impossible une certaine étroitesse d'âme, un certain dédain pour autrui. Mais c'est un idéal, une utopie. Dans trop de familles et de communautés, c'est impossible. Il y a des pays heureux, la Scandinavie, la Hollande, où l'on parle deux ou trois langues depuis la naissance. Ma mère commençait une phrase dans une langue pour la finir dans une autre. Sans en être jamais conscient, j'ai eu une veine folle grâce à M. Hitler auquel je dois tant de mon éducation. Il fallait toujours changer d'école, de culture et de langue : c'est merveilleux. C'est le plus grand cadeau qu'on puisse recevoir pour essayer de survivre. On ne peut pas créer ça artificiellement, mais le monde est en mouvement. Le monde est plein d'immigrés, plein de ceux qui cherchent asile. Nous sommes, je crois, devant une crise énorme de changements de populations. Personne ne peut prédire quelles vont être les crises de déplacements de populations et de cultures entières. De cela pourrait surgir un œcuménisme de l'enchantement, c'est-à-dire une sorte de chance : combien est infiniment riche la palette des possibilités. Mais je sais que c'est utopique.

7.

Dans la classe

La meilleure Magie est Géométrie
Dans l'esprit du magicien –
Ses actes ordinaires, des exploits
Pour la pensée des humains.
Dickinson

C.L. : Mes classes sont composées d'enfants d'immigrés africains, nord-africains, asiatiques. Certains ont vécu leur toute petite enfance en Europe de l'Est. Mais je cultive l'espoir d'arriver à un œcuménisme de l'enthousiasme dans le travail en commun. Pour l'écriture de Tohu-bohu, *je n'ai pas choisi par hasard le mythe de Babel. La pièce à construire est un miroir où l'on évoque, à raison, cette pluralité des langues afin de la considérer et de la regarder bien en face. Mais encore une fois je dois être honnête avec eux : on va leur demander d'écrire en français pour la copie du bac l'année prochaine, donc c'est à cet exercice que l'on travaille, car il s'agit bien d'un cours de lettres. Les jolies résonances de* Murmures, *par exemple, existent grâce aux petites tentatives de travail en littérature comparée. J'ai demandé aux élèves de prolonger leurs lectures sur le mythe de la chute à travers des pages de Milton et de William Blake. Nous avons rencontré également les textes en latin et en italien d'Ovide et de Dante. Dans leurs poèmes, vous aurez remarqué la paraphrase de ces textes, des morceaux de prose dans une autre langue collée au corps français du sonnet. Encore une fois, c'est très intéressant du point de vue de la culture générale d'élargir ainsi la palette, mais en cours il faut déjà que je leur apprenne à s'exprimer correctement en français et à réussir le bac. Le poème est un dépassement, une sublimation de ces exigences du moment. Mais comme l'écrit Baudelaire : « L'Art est long et le temps est court. »* Murmures *va perdurer dans leur mémoire, bien au-delà des peurs de l'examen.*

Dans Réelles présences, *vous écrivez, qu'au sein de la grammaire, « les temps du futur sont les temps qui représentent le phénomène conceptuel et imaginatif de l'infini*[56] *». J'ai l'impression, à partir d'une*

56. George STEINER, *Réelles présences, op. cit.*

phrase comme celle-là, et on retrouve cette impression du futur dans beaucoup de vos livres, qu'il y a dans cette temporalité quelque chose de l'ordre d'une métaphysique, d'une éthique et d'une politique au sens fort. Vous ajoutez, juste après ce passage, que « la conjonction "si" est en mesure de modifier, de recomposer, de mettre radicalement en doute et même de nier l'univers tel que nous choisissons de le percevoir[58] *». À quel type de futur rêvez-vous pour l'école ? Et quel « si » serait en mesure de lutter contre la barbarie.*

G.S. : Ce qu'écrivent les commentateurs et les critiques comme moi, c'est toujours un gros verbiage pour essayer d'exprimer ce qu'un grand poète exprime en quatre mots. Tout ce que j'ai écrit là-dessus, René Char l'a dit en un seul petit aphorisme : « L'aigle est au futur. » Il n'y a vraiment rien à ajouter, et on essaie toujours d'expliquer la merveille de cette image, de cette phrase. Pouvoir parler du lundi matin après ses propres funérailles est une chose qui me remplit à la fois d'étonnement, d'enthousiasme, d'humilité et d'orgueil. Pouvoir dire non à la finalité biologique de notre mort qui est

57. *Ibid.*

tellement imminente pour tous que, dit Montaigne, «le nouveau-né est assez vieux pour mourir». D'accord, mais avec le futur du verbe, on peut se projeter à travers des millions d'années, on peut imaginer les galaxies qui seront dans une certaine position exacte et précise dans deux cents millions d'années. On peut en parler rationnellement.

C'est le grand défi à la mort que le futur du verbe. C'est le grand défi au désespoir. Si nous ne pouvions rêver – et rêver est une forme de futurité aussi –, il n'y aurait vraiment que la clôture de la brièveté et de la médiocrité de nos petites vies personnelles. Il est fantastique que nous soyons un animal qui ait des grammaires de futurité, qui ait, comme dit Éluard, *Le Dur Désir de durer* et qui ait le moyen de l'exprimer. Si on nous enlevait les temps du futur, ce serait la vraie condamnation à mort. On pourrait construire, comme le grand Elias Canetti, une sorte de fable sans futur. C'est la prison finale, c'est l'étouffement. Ce don nous a peut-être permis de survivre à l'horreur, aux massacres, à la famine, aux grandes maladies et autres sévices de notre être. Et peut-être qu'être professeur de poésie, comme vous Cécile, peut-être que donner l'amour de la poésie est une façon un peu plus concentrée, un peu plus complexe pour faire comprendre aux enfants ce qu'est la merveille constante d'un futur.

D'ailleurs vous leur avez écrit si gentiment l'an passé : « Par la poésie, le verbe au futur vous est offert. » Cette école qu'on peut imaginer avec un « si », qu'on peut imaginer au futur, peut aussi exister ici et maintenant. Cette école ne favoriserait-elle pas le développement de ce que vous appelez si souvent « l'intuition » ?

Ce serait une école où l'enfant aurait le droit de commettre cette grande erreur qu'est l'espoir.

J'en viens à l'intuition, car elle reste quelque chose de fondamental dans mon enseignement, quelque chose que je vous dois beaucoup, George Steiner : il y a eu en effet entre nous, malgré moi, des rapports de maître à élève. Ce que je trouve absolument remarquable et également terrifiant, c'est cette confiance parfois aveugle en l'intelligence de votre interlocuteur, en sa capacité à décoder vos propres silences, ce qui de toute façon restera tu, ce dont on ne parlera pas, et c'est cette intelligence-là, cette connivence souterraine qui me fascine complètement. C'est vrai que je tente de transmettre un peu de cela à mes élèves, je leur fais terriblement confiance. Je leur dis les choses à demi-mot et je sais qu'ils me suivent. C'est un des aspects les plus grisants de mon métier.

Notre métier d'enseignant, quel qu'en soit le niveau peut être épuisant, décevant. Il peut donner une terrible aigreur, mais il y a une récompense suprême, qui est de rencontrer l'élève beaucoup plus doué que soi-même, qui va avancer bien au-delà de soi-même, qui va peut-être créer l'œuvre qu'un prochain enseignant va enseigner. Ça m'est arrivé quatre fois dans ma vie. C'est énorme comme chiffre sur cinquante ans d'enseignement. Quatre fois, c'est déjà beaucoup. Ça, je vous jure, c'est une récompense infinie.

C'est une vocation absolue d'être professeur. Il ne faut jamais oublier que j'appartiens à un passé, à une culture où le mot rabbin, *rabonim*, ne veut pas dire « prêtre » ou « homme sacré ». C'est le mot le plus modeste pour dire « professeur ». Un *rabonim*, c'est tout simplement un professeur, et c'est peut-être la profession la plus orgueilleuse et, en même temps, la plus humble qui soit.

Choix bibliographique dans l'œuvre de George Steiner

Tolstoi ou Dostoievski, trad. R. Celli, Paris, Le Seuil, 1963.

Anno Domini, trad. L. Lanoix, Paris, Le Seuil, 1966 (Folio nº 2344).

Langage et silence, trad. L. Lotringer, Paris, Le Seuil, 1969.

Après Babel. Une poétique du dire et de la traduction, Paris, Albin Michel, 1978 ; nouv. éd. entièrement refondue, trad. L. Lotringer et P.-E. Dauzat, Paris, Albin Michel, 1998.

Le Transport de A. H., trad. Ch. de Montauzon, Paris, Julliard-L'Âge d'Homme, 1981.

Martin Heidegger, trad. D. de Coprona, Paris, Albin Michel, 1981 ; Flammarion, Champs, 1987.

Les Antigones, trad. Ph. Blanchard, Paris, Gallimard, 1986 (Folio Essais n° 182).

Dans le château de Barbe-bleue. Notes pour une redéfinition de la culture, trad. L. Lotringer, Paris, Gallimard, 1986 (Folio Essais n° 42).

Comment taire ?, trad. E. Ender et B. Schlurick, Paris, Éditions Cavaliers seuls, 1987.

Le Sens du sens, trad. M. Philonenko, Paris, Vrin, 1988.

Réelles présences. Les arts du sens, trad. M. R. de Pauw, Paris, Gallimard, 1991 (Folio Essais n° 255).

Entretiens avec Ramin Jahanbegloo, Paris, Le Félin, 1992.

La Mort de la tragédie, trad. R. Celli, Gallimard, 1993 (Folio Essais n° 224).

Épreuves, trad. J. Carnaud et J. Lahana, Paris, Gallimard, 1993.

Passions impunies, trad. P.-E. Dauzat et L. Évrard, Paris, Gallimard, 1997.

Errata. Récit d'une pensée, trad. P.-E. Dauzat, Paris, Gallimard, 1998 (Folio n° 3430).

Grammaires de la création, trad. P.-E. Dauzat, Paris, Gallimard, 2001.

De la Bible à Kafka, trad. P.-E. Dauzat, Paris, Bayard, 2002.

Extraterritorialité, trad. P.-E. Dauzat, Paris, Calmann-Lévy, 2002.

Maîtres et disciples, trad. P.-E. Dauzat, Paris, Gallimard, 2003.

Logocrates, trad. P.-E. Dauzat, Paris, L'Herne, 2003.

Nostalgie de l'absolu, trad. P.-E. Dauzat, Paris, 10/18, 2003.

Table

Imprimé en Espagne par LIBERDUPLEX (Barcelone)
HACHETTE LITTÉRATURES – 31 rue de Fleurus – 75006 Paris
Collection n° 25 – Édition 01
Dépôt légal : 81360-02/07

Belle

Avec son imposante taille
et sa fougue habituelle,
Belle impressionne et effraie
les habitants du village.
Mais le patou des montagnes
est un monstre… de tendresse
et de gentillesse !

Adèle

La fille d'Elenya,
le maire de Saint-Martin,
est une amie fidèle
de Sébastien. Même si
sa mère ne supporte pas Belle,
Adèle s'est liée d'amitié
avec la gentille chienne,
et elle ferait tout
pour la protéger.

Soren

Maladroit et un peu tête en l'air, le frère d'Adèle aimerait tant ressembler à Sébastien. Intrépide et courageux, il essaie sans cesse de repousser ses limites. Mais attention à la chute !

Caméo

Caméo est le fils de Roberte, l'aubergiste du village. Colérique et capricieux, il se sent toujours en compétition avec Sébastien, qu'il considère comme son rival.

Gabriel

Robuste et volontaire, Gabriel est le meilleur ami de Caméo. Il se laisse d'ailleurs facilement influencer par ce dernier et se plie souvent à ses quatre volontés.

César

Le vieux berger a recueilli Sébastien alors qu'il n'était encore qu'un nourrisson. Il le considère comme son petit-fils, et sous son caractère rude d'homme des montagnes, se cache en fait un cœur tendre.

Angelina

Angelina, c'est la grande sœur d'adoption de Sébastien. Elle a pour lui une affection toute particulière. Toujours de bonne humeur, elle est attentive à son éducation et à son bien-être.

Une invitation inattendue

Les sommets majestueux des montagnes, couronnés de leurs neiges éternelles, dominent la vallée où se niche le village de Saint-Martin. Tout est calme et tranquille… mais soudain, un son puissant

vient troubler la sérénité du paysage !

Posté devant le refuge de la Vieille Dent, bien au-dessus des maisons, Sébastien s'entraîne à jouer du cor. Belle, couchée un peu plus loin, a posé ses pattes sur ses oreilles et fermé les yeux

– comme si cela pouvait l'empêcher d'entendre !

Sébastien, découragé, cesse de souffler dans son instrument et se tourne vers son amie.

– Oh, là, là… c'est trop dur ! Et demain, on conduit les troupeaux aux pâturages d'été ! Je ne serai jamais prêt à prendre la relève de César… conclut-il, dépité.

Belle lui lance un aboiement d'encouragement. « Recommence ! » semble-t-elle vouloir lui dire. Sébastien retrouve aussitôt toute sa détermination.

– Tu as raison, ma Belle ! s'écrie-t-il. Je peux y arriver !

Sébastien gonfle ses poumons. La belle chienne blanche se dépêche de remettre ses pattes sur ses oreilles… et de nouveau, le son nasillard du cor résonne entre les parois rocheuses. Encore et encore. Pauvre Belle !

Au village, c'est jour de marché. Le boucher, le laitier et les maraîchers vantent la qualité de leurs produits. On bavarde autour des étals. Caméo, le fils des aubergistes, se balade au ras des tables et laisse traîner sa main sur les saucissons, les gâteaux, les fruits et les salades. Discrètement, il vole une pomme et croque dedans à pleines dents…

En passant devant le stand d'Angelina, qui vend les fromages fabriqués à la ferme, il aperçoit d'appétissants morceaux de tomme posés sur une planche. Il s'en empare après avoir jeté un regard furtif autour de lui. Il commence à les dévorer quand Angelina, qui a remarqué son manège,

l'interpelle gentiment, d'un ton moqueur :

– Eh bien, Caméo ? Tu n'as rien mangé ce matin ?

Le garçon regarde Angelina avec un petit sourire gêné. Penaud, il repose la planche et s'apprête à tourner les talons quand la porte de l'auberge s'ouvre. Roberte, la mère de Caméo, en sort, furieuse. Sa voix stridente résonne sur toute la place du marché.

– Regardez-moi ce bazar ! Pour inonder l'auberge, ça, je peux compter sur toi !

Elle patauge dans une grosse flaque d'eau qui s'échappe de l'établissement et envahit le trottoir. Damien, son mari, la serpillière à la main, essaie de se défendre.

– Mais, Roberte chérie, je n'y suis pour rien ! C'est à cause de ce robinet qui…

Sans lui laisser le temps de finir sa phrase, Roberte, qui porte une grosse valise, s'adresse à Caméo.

– C'est à cause de ce robinet qu'on déménage ! Viens, Caméo ! On va passer deux ou trois jours chez ta tante !

Caméo est stupéfait – et pas ravi du tout.

– Quoi ?! s'exclame-t-il. Mais demain, c'est le début de la transhumance ! Je ne peux pas rater ça ! Tout le village va accompagner les troupeaux !

Roberte, qui s'éloignait déjà, se retourne, horrifiée.

– Crapahuter dans les montagnes avec des bêtes qui courent partout ? Tu parles d'un programme ! Crois-moi, on sera bien mieux en ville...

– Oh, Roberte, proteste Angelina qui a deviné la déception du garçon, laissez-le au village ! C'est toujours amusant de conduire les moutons aux alpages !

– C'est vrai, maman ! renchérit Caméo, dont le visage s'est éclairé. Et tous mes copains y vont !

Roberte soupire.

– Bon, d'accord, mais… chez qui vas-tu aller dormir ? crie-t-elle bien fort.

Aussitôt, les badauds s'éloignent en sifflotant. Le boucher ferme son camion, le maraîcher remballe ses cagettes… Visiblement, personne n'a envie d'héberger un enfant têtu comme Caméo, même pour deux ou trois jours !

– Tu vois ? dit Roberte à son fils. Personne ne peut t'accueillir ! Bon, on y va ! Rater le train, ce serait la cerise sur le gâteau !

Caméo est tout triste. C'est alors qu'Angelina propose :

– S'il en a envie, Caméo peut venir dormir chez nous !

Roberte frissonne.

– Là-haut ? Avec cette sale bête ?

– Vous voulez parler de qui ? interroge Angelina, malicieuse. De Belle ou de César ?

Roberte rougit et bafouille :

– Oh, hum… Ce que… ce que je veux dire, c'est que… je…

Caméo lance un regard implorant à sa mère, qui finit par céder.

– Bon, si ça te fait plaisir… mais… prenez soin de mon Caminounet ! dit-elle à Angelina, qui sourit.

– Partez tranquille, la rassure-t-elle.

Caméo est ravi… et soulagé. Trois jours chez sa tante, quelle horreur ! Il préfère courir dans la montagne. Pour une fois que sa mère ne le surveillera pas !

Mauvaise surprise

À cheval sur Belle, Sébastien redescend au galop vers la bergerie.

– Viens, on va décorer les moutons ! lance-t-il à son amie. Grand-père va être super fier de moi ! Je joue du cor presque aussi bien que lui, maintenant !

Il saute à terre et se tourne vers sa chienne.

– Pendant que je les tonds, toi tu les empêches de bouger, d'accord ?

Belle remue la queue en signe d'approbation.

Alors qu'il entrouvre la porte de la bergerie, Sébastien entend une voix familière dans le lointain.

– Mais où est Belle ?

Non ! Ça ne peut pas être…

– Dites-moi que je rêve ! s'exclame Sébastien, stupéfait.

Il se précipite vers le chalet… et s'arrête net. Sur le seuil, il vient

d'apercevoir Caméo, qui observe tranquillement les alentours.

Caméo ! Son ennemi juré de la cour de récréation ! Le garçon trop gâté qui se moque de lui en permanence !

En trois enjambées, Sébastien se rapproche de lui.

– Qu'est-ce que tu fais là ? interroge-t-il d'un ton agacé.

– Angelina m'a proposé de passer deux jours avec vous, répond Caméo avec calme.

– Oui ! confirme Angelina, qui lui apporte un verre de jus de fruits. Nous avons un invité ! Mais ne t'en fais pas, il mettra la main à la pâte, comme tout le monde ici ! N'est-ce pas, Caméo ?

Caméo hoche la tête. Sébastien, lui, s'étrangle à moitié.

– Tant mieux ! réussit-il tout de même à dire. Parce qu'il faut que je termine les préparatifs de la transhumance, alors je n'ai pas le temps de m'occuper de quelqu'un !

Il tourne les talons et ajoute plus bas, juste pour Belle :

– Surtout si ce quelqu'un, c'est Caméo !

Mais il n'a pas le temps d'aller bien loin : Caméo pose son verre et se met à courir derrière lui.

– Moi aussi, ça m'intéresse, la transhumance ! crie-t-il.

Sébastien le toise, les sourcils froncés.

– La transhumance, c'est pour les vrais montagnards ! Et d'habitude, tu n'es pas aussi sympa avec nous !

– N'importe quoi ! s'exclame Caméo.

– Ah oui ? rétorque Sébastien. Hier, tu ne m'as pas traité de petit sauvage, par hasard ? Je ne sais pas ce que tu fais là, mais il n'est pas question que tu nous gâches la fête… Viens, ma Belle… On a du travail, tous les deux !

Et les deux amis entrent dans la bergerie, sous le regard mécontent de Caméo, qui serre les poings.

Il fait bien chaud dans la bergerie. Sébastien prépare les pompons qui seront attachés à la tête des moutons pour la fête, tout en bougonnant :

– Angelina aurait pu nous demander notre avis ! Elle sait qu'on ne s'entend pas tellement bien avec Caméo, non ?! Qu'est-ce que tu en penses, ma Belle ?

La chienne le regarde gentiment et aboie en signe de compassion.

– C'est ma première transhumance, continue Sébastien. C'est important ! Il faut que tout se passe bien !

Il prend la tondeuse et attire vers lui un premier mouton, tout en poursuivant son monologue.

– Grand-père compte sur moi ! Caméo, lui, il ne comprend rien… Tu n'es pas d'accord, Belle ? Non mais c'est vrai, il espère quoi ? Il s'invite ici et on oublie tout ? C'est trop facile !

Autour de Sébastien, les tas de laine montent peu à peu. Le garçon continue à tondre, mais sans bien regarder ce qu'il fait, trop préoccupé. Dehors, la nuit commence à tomber.

– *Wouf* ! lance Belle, comme un avertissement.

Le mouton que Sébastien vient de tondre se met à bêler, imité par les autres : tous semblent regarder l'enfant d'un air accusateur ! Il est vrai que leurs tontes ne sont pas très traditionnelles…

Absorbé par sa rancune envers Caméo, Sébastien a réalisé, sur leur dos, des dessins vraiment bizarres !

Un véritable cordon-bleu

L'heure de dîner approche, Belle et Sébastien rentrent au chalet. Ils sont très étonnés de trouver Caméo en cuisine ! Tel un vrai petit chef, il sort un plat du four pour en vérifier la cuisson. Angelina, qui apporte les assiettes sur la table, sourit à Sébastien.

– Dis donc, je ne savais pas que ton copain était un véritable cordon-bleu !

– Mon « copain » ?! répète Sébastien stupéfait. Euh… moi non plus, je ne savais pas…

César est déjà installé à table.

– Comme je te le disais, Caméo, explique le vieil homme, la transhumance était bien différente autrefois. On traversait de nombreux villages, et on marchait pendant des jours.

À ces souvenirs, il se met à rire. Pendant ce temps, Caméo lui sert une généreuse part de gratin.

– Je te jure qu'il fallait de sacrées bonnes jambes pour accompagner le troupeau sur autant de kilomètres ! continue le berger. Celle de demain ne sera pas aussi longue, mais on fera revivre la tradition, et c'est le plus important…

Caméo, avec un grand sourire, a servi Angelina, puis Sébastien. Il finit par sa propre assiette, puis tire une chaise pour s'asseoir. On se croirait au restaurant !

– Grand-père avait mon âge quand il a participé à sa première transhumance, précise Sébastien, tout fier.

– Je sais, répond Caméo. Il me l'a déjà raconté.

Sébastien accuse le coup.

– Oh…

L’invité d’Angelina se tourne à nouveau, plein d’admiration, vers le berger.

– C’était beaucoup plus dur à votre époque ! Vous, vous êtes un *vrai* montagnard ! s’écrie-t-il.

Caméo lance un regard moqueur à Sébastien, qui reste muet.

Heureusement, il est sauvé par la question de César, qui se penche vers lui avec un grand sourire.

– À propos, Sébastien, les préparatifs… ça avance ? Je suis sûr que tu nous as fait de beaux moutons, bien tondus !

Sébastien, gêné, baisse la tête.

– Euh… Je l'espère…

Angelina le regarde avec inquiétude.

– Est-ce que tout va bien ? Tu n'as pas touché à ton assiette…

– En fait, je n'ai pas très faim, marmonne Sébastien, contrarié.

En réalité, l'odeur appétissante du plat lui chatouille les narines : il le dévorerait bien en entier à lui tout seul ! Mais il s'entête et chuchote à Belle :

– Pas question que j'avale une bouchée de son gratin de jus de chaussettes !

Belle décide d'être solidaire et repousse sa propre gamelle en bout de table.

Mais Caméo n'a pas dit son dernier mot… À cet instant, le four de la cuisine se met à sonner. Le garçon bondit.

– Ah ! Ma petite surprise est prête ! s'exclame-t-il.

Et il sort du four un ÉNORME os à moelle bien garni de viande.

– Je connais quelqu'un qui va s'en lécher les babines… la plus gourmande de tous ! C'est pour toi, Belle ! Vas-y, régale-toi !

Et il pose le plat sous le nez de la chienne, surprise.

Sébastien éclate de rire.

– Non mais tu rêves ! Tu crois qu'elle va se laisser amadouer aussi facilement ?

Un bruit de mastication l'interrompt. Belle n'a pas pu résister à croquer son os. C'est au tour de Caméo, de César

et d'Angelina de rire de bon cœur, devant la mine penaude du garçon…

La fin du repas est un vrai cauchemar pour lui : Caméo insiste pour faire la vaisselle. Il a l'air de se sentir bien au chalet, et César et Angelina semblent l'avoir adopté ! Même Belle se laisse caresser.

Personne ne fait attention à Sébastien… Il se sent abandonné et malheureux.

La nuit est tombée sur l'alpage. Au chalet, tout le monde est couché. La lune éclaire la chambre de Sébastien, qu'il partage ce soir, malgré lui, avec leur « invité ». Il faut dire qu'il n'a pas vraiment eu le choix. Belle est allongée à côté du garçon et dort paisiblement. Mais pas Sébastien ! Caméo ronfle… Sébastien change constamment de position, sans réussir à trouver le sommeil. Alors il se met à siffler... Il a lu quelque part que c'était un bon moyen de faire taire les ronfleurs ! Il ne réussit qu'à arracher un rire endormi à Caméo, qui lui tourne le dos... et continue son vacarme. Exaspéré, son voisin lui jette la couette sur la tête.

Silence.

Un sourire se dessine sur les lèvres de Sébastien qui ferme enfin les yeux… pendant quelques secondes seulement. Les ronflements continuent de plus belle !

– Oh ! C'est insupportable ! marmonne-t-il en s'asseyant dans son lit. Je préférerais encore dormir avec un ours !

Il gratte le cou de la chienne endormie.

– Belle ! Tu viens ? On va passer la nuit dans la bergerie !

Mais Belle bâille à se décrocher la mâchoire, puis se rendort avec un petit gémissement d'excuse. Sébastien grommelle :

– Bon, fais comme tu veux. Moi, je n'en peux plus !

Il se glisse hors du lit et quitte la chambre en claquant la porte. Caméo n'a même pas battu des paupières. Exaspéré, Sébastien sort du chalet et va se coucher près des moutons, sur la paille. Mais s'il croyait s'endormir plus facilement, il a mal calculé son coup… Les moutons ne cessent de bêler, de se bousculer pour aller boire et de grignoter leur litière ! C'est encore pire que les ronflements de Caméo…

Rivalité

Le jour est levé quand Sébastien parvient à s'endormir. Les premiers rayons du soleil filtrent par la fenêtre et lui caressent le visage.. Les moutons se tiennent tranquilles… enfin !

Soudain, un bruit de hache retentit à l'extérieur. Le garçon se réveille en sursaut. César coupe du bois et Caméo l'aide à ranger les bûches tout en l'écoutant parler. Sur la transhumance, César a tant d'histoires à raconter !

– C'est plus que de simples réjouissances, tu sais. La cérémonie d'arrivée sur les pâturages, avec la foule et les bêtes, c'est un peu la communion des hommes et de la nature. La première fois, j'avais ton âge, et pour

moi, ce moment est resté gravé dans mon cœur, conclut-il d'une voix solennelle.

Caméo, qui a essayé, à son tour, de fendre le bois, en reste bouche bée. Belle, postée près de lui, aboie quand elle entend la porte de la bergerie grincer. Sébastien en sort, les yeux cernés de fatigue, les cheveux tout ébouriffés. Il se gratte, retirant des brins de paille fichés dans son pyjama. Belle lui fait la fête, sautant autour de lui, la queue battant joyeusement. Elle le

renverse sur le dos et lui lèche le visage avec affection.

– Salut, Sébastien ! lance Caméo avec un petit sourire en coin. Bien dormi ?

Le grand rire de César résonne aux oreilles du pauvre Sébastien comme une volée de cloches. Il a tellement sommeil !

– Bonjour, la marmotte! Alors, tu en es où avec ces préparatifs ? Tu as fini les pompons des moutons ?

Sébastien, embêté, se gratte la tête. Il est loin d'avoir terminé !

– Euh…

Après un petit déjeuner vite expédié, Sébastien est retourné à la bergerie. Caméo s'est installé à côté de lui pour l'aider à confectionner les pompons restants, sous l'œil bienveillant de César, qui manifestement trouve leur invité gentil et efficace.

– Heureusement que ton copain est là pour rattraper ton retard, Sébastien ! fait-il remarquer.

Entre ses dents, Sébastien rage :

– Ce n'est pas... mon... copain !

Énervé, il tire, trop fort, sur le fil de laine du pompon qui se casse. Caméo pose sa main sur sa bouche pour dissimuler son rire.

– Quoi ? Ils sont très bien, mes pompons ! s'énerve le garçon.

Cette fois, Caméo pouffe franchement. Belle tient dans sa gueule le dernier pompon fabriqué par Sébastien, et il a une drôle d'allure ! Il est tout, sauf rond…

C'est la goutte d'eau qui fait déborder le vase. Sébastien, se sentant abandonné, explose de colère.

– Quoi ? Toi aussi, Belle ? C'est bon, j'ai compris… Je vous laisse. Amusez-vous bien tous ensemble !

Sébastien prend le cor accroché à une poutre et sort de la bergerie sans se retourner. Caméo, intrigué, décide de le suivre. Cet instrument aussi a une drôle d'allure ! Il aimerait bien l'essayer… Décidément, la vie de Sébastien lui semble plus passionnante que la sienne.

Sébastien n'est pas allé très loin : il a monté quelques lacets du sentier escarpé qui s'élève au-dessus du chalet, et il s'entraîne à souffler dans son cor. Ce n'est pas facile d'en sortir un son à la fois puissant et clair !

Il joue depuis quelques minutes quand il entend un aboiement : Belle monte le chemin au galop pour le rejoindre. Le visage de Sébastien s'éclaire. Il saute du rocher sur lequel il était perché et court à la rencontre de son amie.

– Belle ! Ça y est, tu t'es enfin décidée à lâcher ce casse-pieds ?

Mais Caméo apparaît derrière la chienne.

Et le visage de Sébastien s'assombrit aussitôt.

– On te cherchait, justement ! crie Caméo en lui adressant de grands signes. Tu t'entraînes pour la transhumance ?!

Cette fois, Sébastien en a vraiment assez. C'est un vrai cauchemar ! Il se met en colère.

– Et qu'est-ce que ça peut te faire, d'abord ? s'écrie le garçon. Tu ne peux pas me laisser un peu tranquille ?! Tu veux tout me prendre ? D'abord ma famille, ensuite ma chambre… et même Belle ! Et puis quoi encore ? Tu veux aussi jouer du cor des Alpes à ma place ?

Il serre son instrument contre lui, prêt à se défendre.

– Mais pas du tout ! proteste Caméo. Je venais juste t'apporter un cadeau…

Il sort un petit pompon bleu de sa poche.

– Je l'ai fait pour que tu puisses l'accrocher à ton instrument ! se moque-t-il.

Sébastien tremble de fureur.

– C'est ça, prends-moi pour une chèvre !

Et il se jette sur Caméo qui l'esquive en riant et continue de le narguer.

– Raté !

Sous l'œil désolé de Belle, les deux garçons s'affrontent.

Et dans la précipitation, Sébastien laisse tomber le cor. L'instrument dévale la pente et rebondit sur un rocher, pour enfin atterrir aux pieds de César.

– Sébastien, Caméo, il est l'heure de... Mais que s'est-il passé, ici ?! s'écrie-t-il.

Le vieux berger se baisse pour ramasser le cor dont le bord s'est fendu. César fronce les sourcils tandis que Sébastien bredouille, paniqué :

– C'est... c'est la faute de Caméo ! Je...

Mais César le coupe, sévère.

– Sébastien, si tu n'es pas capable de t'occuper de ce cor, alors tu n'as pas le droit d'en jouer. Et toi, Caméo, sais-tu en jouer ?

Sébastien est pétrifié. Belle baisse la tête d'un air triste. Caméo hésite un instant, regarde Sébastien, puis César.

– Hein ? Oh, oui, bien sûr.

Et, avec un grand sourire, il s'avance vers le berger, qui lui donne l'instrument, sous le regard malheureux de Sébastien. Aux pieds de ce dernier, le pompon bleu

est resté dans l'herbe mouillée par la rosée. Abandonné. Comme le pauvre Sébastien…

Le grand jour

Le grand jour est arrivé ! Après avoir traversé les rues du village, le cortège avance dans la montagne. Les moutons trottinent en rangs serrés : ils sont magnifiques, fraîchement tondus et parés de leurs pompons bleus et orange !

C'est un beau moment pour les habitants de Saint-Martin, qui sont nombreux à gravir, eux aussi, le sentier qui mène aux alpages. Caméo fanfaronne devant Belle et Adèle, la meilleure amie de Sébastien. Ce dernier les suit, tout triste. César ne fait même plus attention à lui... Il se sent rejeté.

– Ce soir, je serai officiellement un vrai montagnard ! se vante Caméo. Un fils de la montagne, pas vrai Sébastien ?!

Mais le garçon, dégoûté, ne répond même plus à ses provocations.

César, qui avançait en tête, s'arrête et pose une main amicale sur l'épaule de Caméo.

– Plus qu'un kilomètre et nous serons arrivés aux pâturages. Prêt, Caméo ? Il faudra que tu souffles très fort, d'accord ?

Les yeux de Caméo s'agrandissent. Il vient de réaliser qu'il va VRAIMENT devoir jouer du cor, alors qu'il n'a jamais essayé !

– Que je… Oh, oui ! Oui…

Il se force à sourire. Rassuré, César reprend sa marche. Caméo regarde autour de lui… et court à l'arrière du cortège. Personne ne le remarque, sauf Belle qui tourne la tête, lance un aboiement de surprise et file sur ses traces. Sébastien la voit partir, mais il est trop accablé pour réagir. Adèle lui donne un petit coup de coude et lui adresse un regard complice : elle voudrait bien lui remonter le moral.

Sébastien joue les blasés.

– Si j'ai laissé ma place à Caméo, c'est que je suis déjà un vrai montagnard. Pas besoin de le prouver en soufflant dans ce cor ! marmonne-t-il.

Adèle, qui connaît bien son ami, n'est pas dupe. Elle lui sourit.

– Bien sûr, Sébastien, bien sûr ! Je suis sûre que cela t'est égal de le laisser jouer... Ça se voit, d'ailleurs ! commente-t-elle, taquine.

Caméo s'est caché derrière un gros rocher. Belle, après

avoir flairé l'air vif, n'a pas grand mal à le retrouver. Le garçon tente désespérément de souffler dans le cor, mais aucun son n'en sort ! Pourtant, il souffle, il souffle, au point de devenir tout rouge.

– Ça ne veut pas ! finit-il par crier. Espèce de machin ! Vas-y, sors-moi des notes ! Allez !

Et il se remet à souffler, sans le moindre résultat. Hors d'haleine, il s'arrête un instant pour reprendre sa respiration et entend un « wouf » très doux. Belle est là, elle a tout vu… et tout entendu, sauf qu'il n'y avait rien à entendre !

Caméo n'est pas fier de lui. Il se laisse tomber dans l'herbe.

– Je vais me ridiculiser devant tout le monde… se lamente-t-il.

Belle le regarde. Elle comprend bien ce qui le tourmente… Et soudain, elle attrape le cor dans sa gueule et s'enfuit comme l'éclair !

– Hé ! Reviens ! appelle Caméo qui s'élance derrière elle.

Mais la belle chienne blanche est bien plus rapide que lui ! Et pour le semer, elle se faufile entre les moutons, puis saute de rocher en rocher avec l'agilité d'une chèvre. Yvan, l'un des bergers, se fâche.

– César ! Ta sale bête va nous gâcher la fête ! Fais quelque chose !

Un hurlement l'interrompt.

– ATTENTION ! hurle Caméo.

Le garçon a essayé de suivre Belle à la trace. Il se retrouve maintenant perché sur le dos d'un mouton qui bêle, affolé, et court à toute allure !

Tout ce vacarme a fini par tirer Sébastien de sa tristesse. Il voit Belle qui s'enfuit sur les hauteurs avec le cor, et se décide à la suivre. Il la retrouve derrière un piton rocheux, dans une petite grotte. Sébastien ne tarde pas à la rejoindre. Il se hisse jusqu'à l'entrée de la caverne et se met à genoux près d'elle.

– Belle, qu'est-ce que tu fais ? l'interroge-t-il. Tu prends ma défense, maintenant ? C'est gentil.

Mais la chienne recule en aboyant. Sébastien, qui tendait déjà la main pour reprendre le cor, ne comprend pas. Belle refuse de lâcher l'instrument ! Le garçon s'entête, puis s'énerve.

– Quoi ? Comment ça, non ?!… Tu ne vas pas soutenir Caméo ! Il a juste envie de m'embêter…

Belle gronde encore. Et Sébastien comprend très bien ce qu'elle veut lui dire.

– Bon, c'est vrai que je n'ai pas été patient avec lui. C'est bon, là, tu es contente ?!

Belle, satisfaite, approuve en hochant la tête, puis regarde Caméo, qui a fini par trouver leur cachette. Il ne se vante plus, il a même l'air honteux.

– Sébastien, il faut que je t'avoue quelque chose, dit-il. Je ne sais pas jouer du cor… Mais la transhumance, c'est important pour moi ! J'ai même insisté pour venir ! Je suis resté exprès à Saint-Martin ! J'avais envie d'être un vrai montagnard, pour une fois. Vivre à l'auberge, ce n'est pas toujours rigolo... Je suis désolé.

Sébastien est touché par la sincérité de Caméo.

– Ça n'a pas d'importance... commence-t-il.

La voix de César le coupe. Il vient d'apparaître au pied du piton, et il n'a pas l'air content.

– Qu'est-ce que vous faites là, les garçons ?! Caméo, ça va être à toi !

Sébastien réagit aussitôt.

– Euh... Il sera prêt dans cinq

minutes ! lance-t-il. Il ne faut pas le déranger !

Puis il se tourne vers son camarade.

– Je vais t'apprendre… mais seulement si tu arrêtes de faire le malin devant ma famille, c'est compris ?

– D'accord ! s'empresse de répondre Caméo, soulagé.

Les moutons sont arrivés dans leurs pâturages d'été. Éparpillés, ils broutent avec satisfaction, car la montée a été rude ! Les villageois commencent à s'impatienter.

– Quand est-ce que ça commence, maman ? demande une petite fille.

Tous les regards se tournent vers Caméo, qui transpire à grosses gouttes. Il prend une profonde inspiration et souffle de toutes ses forces dans le cor. On entend une sorte de miaulement étouffé. Ça ne va pas du tout !

Sébastien lui chuchote :

– N'oublie pas de pincer les lèvres !

Caméo n'y croit pas trop, mais il est trop tard pour reculer ! Il refait un essai… et on entend alors quelques notes joliment cuivrées !

La foule applaudit à tout rompre. Belle, ravie, bondit autour des deux garçons en aboyant.

– À toi, maintenant ! dit Caméo qui tend le cor à Sébastien.

Ils échangent un franc sourire, et Sébastien se met à jouer un air simple, mais très beau. Quelques couples se mettent à danser. Même Yvan, qui ronchonne toujours, a l'air content ! Finalement, tous se prennent par la main pour improviser une ronde…

Quand Sébastien cesse de jouer, César le félicite :

– Bravo ! C'était aussi bien que dans mes souvenirs. Je suis fier de toi…

– Merci, grand-père, répond le garçon, un peu ému.

Puis, alors que le vieux berger s'éloigne pour discuter avec les uns et les autres, il se tourne vers Caméo.

– Bon, allez ! Tu me dis merci, et on est quittes !

Caméo n'est pas du tout d'accord avec cette proposition.

– Non mais tu rigoles ? C'est plutôt à toi de me dire merci. C'était plus facile de passer après moi !

Sébastien lui fait une grimace.

– Tu plaisantes ?

– Pas du tout !

Les deux garçons se regardent de travers…

Heureusement, Angelina arrive et interpelle Caméo :

– Caméo ? Je te raccompagne au village, ta mère va bientôt rentrer.

– J'arrive ! répond le garçon avant de se tourner

vers Sébastien. À bientôt, petit sauvage !

L'ancien Caméo est de retour !

Les deux garçons sont rentrés chez eux. Roberte est dans tous ses états : c'était la première fois qu'elle était séparée de son fils si longtemps !

– Alors, mon Caminounet ? Il a retrouvé sa maman ? susurre-t-elle. On est mieux ici que là-haut, chez les sauvages, non ?

Caméo, accoudé à la fenêtre de l'auberge, n'a pas l'air d'en être très convaincu... Pourtant, il répond docilement :

– Oui, maman. Beaucoup mieux.

Roberte, satisfaite, retourne préparer le dîner. Mais Caméo contemple à nouveau la montagne. Il cherche le chalet de César du regard et pousse un gros, gros soupir...

Sébastien, lui, est tout heureux. Il saute partout, serre Angelina dans ses bras, embrasse César, câline Belle…

– Ce qu'on est bien chez soi ! Avec MON Angelina… MON grand-père… MA Belle ! Je veux bien vous partager, parfois… mais pas trop souvent !

Fin

As-tu lu les tomes précédents ?

Tome 1

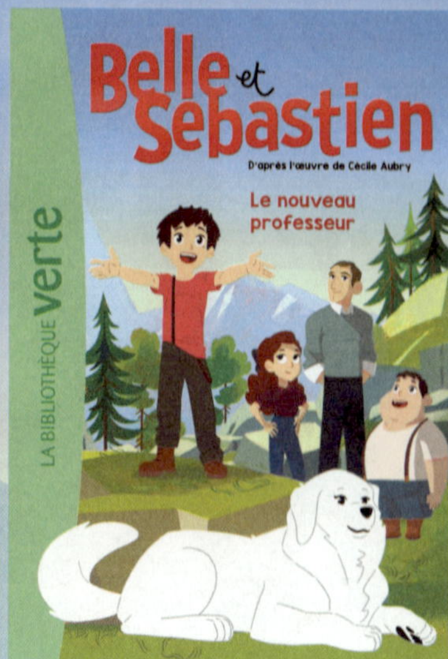

Tome 2

Tu as aimé cette histoire ?
Retrouve vite

Belle et Sebastien

dans une nouvelle aventure,
prochainement en Bibliothèque Verte !

TABLE

hachette s'engage pour l'environnement en réduisant l'empreinte carbone de ses livres. Celle de cet exemplaire est de :
350 g éq. CO_2
Rendez-vous sur www.hachette-durable.fr

PAPIER À BASE DE FIBRES CERTIFIÉES

Photogravure Nord Compo - Villeneuve-d'Ascq

Imprimé en Espagne par CAYFOSA
Dépôt légal : septembre 2018
Achevé d'imprimer : août 2018
16.0775.6/01 – ISBN 978-2-01-706122-9
Loi n° 49956 du 16 juillet 1949
sur les publications destinées à la jeunesse